Logoterapia

com crianças e adolescentes

Teoria e prática

Logoterapia com crianças e adolescentes: teoria e prática
Copyright © 2022 Artesã Editora

É proibida a duplicação ou reprodução deste volume, no todo ou em parte, sob quaisquer formas ou por quaisquer meios (eletrônico, mecânico, gravação, fotocópia, distribuição na Web e outros), sem permissão expressa da Editora.

DIRETOR
Alcebino Santana

DIREÇÃO DE ARTE
Tiago Rabello

COORDENAÇÃO EDITORIAL
Michelle Guimarães El Aouar

REVISÃO
Maria Clara Régis

CAPA
Letícia Ribeiro Ianhez

PROJETO GRÁFICO E DIAGRAMAÇÃO
Conrado Esteves

S593   Simões, Raisa Fernandes Mariz.

        Logoterapia : com crianças e adolescentes : teoria e prática / Raisa Fernandes Mariz Simões , Thiago Antonio Avellar de Aquino. – Belo Horizonte : Artesã, 2022.

        208 p. ; 23 cm.

        ISBN: 978-85-7074-056-4

        1. Psicologia. 2. Logoterapia. 3. Grupos. 4. Educação. 5. Infância. 6. Psicologia do desenvolvimento. I. Aquino, Thiago A. Avellar de (Thiago Antonio Avellar de). II. Título.

        CDU 159.9

Catalogação: Aline M. Sima CRB-6/2645

IMPRESSO NO BRASIL
Printed in Brazil

(31)2511-2040   (31)99403-2227
www.artesaeditora.com.br
Rua Rio Pomba 455, Carlos Prates – Cep: 30720-290 | Belo Horizonte – MG
/artesaeditora

Raisa Fernandes Mariz Simões | Thiago Antonio Avellar de Aquino

Logoterapia
com crianças e adolescentes

Teoria e prática

À minha filha, Maria Luiza, pelo sentido de sua existência para mim, me permitindo sentir e doar esse amor tão único e irrepetível (mamãe te ama muito!), e à minha criança interior que permanece aqui, todos os dias, aprontando e questionando "o que vamos sonhar hoje, Raisa?".

Raisa Fernandes Mariz Simões

Para meus filhos João Guilherme e Pedro Lucca que me ensinaram o sentido de ser pai.

Thiago Antonio Avellar de Aquino

Sumário

Prefácio 11
Clara Martínez Sánchez

Apresentação 15

Parte 1
**FUNDAMENTAÇÃO TEÓRICA-PRÁTICA
PARA UMA LOGOTERAPIA INFANTOJUVENIL**

1. Infância e adolescência na perspectiva da Logoterapia
e Análise Existencial: uma proposta teórica e prática 19
Raisa Fernandes Mariz Simões
Tatiana Oliveira de Carvalho
Thiago A. Avellar de Aquino

Parte 2
A LOGOTERAPIA COM CRIANÇAS

2. Logoterapia nos cuidados paliativos
pediátricos: encontrando sentido apesar
da brevidade da vida – *Virando estrelinha!* 49
Sarah Xavier Vasconcelos de Fialho Rodrigues

3. Possibilidades de tratamento do Transtorno do
Espectro do Autismo por meio do método DIR e da
Logoterapia: um estudo de caso 63
Bruna Soares Pires

4. A biblioterapia e a autoescrita como proposta de trabalho com crianças de pais separados sob a ótica da Logoterapia e da Análise Existencial 83

Marília Francisco de Queiroz

5. A ferramenta "emoji de sentido" e a expressão da dimensão espiritual na criança durante o processo logoterápico 93

Terezanísia Guerra Cavalcante

6. Trabalho de Análise Existencial com crianças vítimas de abuso sexual 109

Annelies Strolz

7. Atendimento infantil na modalidade remota em meio à pandemia da COVID-19 sob a ótica da Logoterapia e Análise Existencial 123

Ana Paula Zeferino Rennó

8. Abel: da tristeza à alegria 131

Tatiana Oliveira de Carvalho

Parte 3
A LOGOTERAPIA COM ADOLESCENTES

9. Encontro existencial e valores no contexto adolescente: relato de caso clínico logoterapêutico 147

Ana Paula Zeferino Rennó
Lorena Bandeira Melo de Sá

10. Ideais, ideologias e ídolos como oportunidades no trabalho logoterapêutico com adolescentes 155

Ana Clara Dumont

11. Logoterapia no acompanhamento clínico de uma adolescente 167
Jalmaratan Luís de Melo Macêdo

12. Grupoterapia com adolescentes utilizando Logoterapia e Análise Existencial 179
Jalmaratan Luís de Melo Macêdo
Aianny Stephany Souza Lacerda dos Santos

13. "Qual o sentido?": promoção do sentido de vida em uma escola da Rede Pública Estadual inserida no Projeto Alumbrar 191
Marcos Sueudy Santos do Nascimento
Thiago Antonio Avellar de Aquino

Sobre os autores 203

Prefácio

A infância e a adolescência são etapas esplêndidas, nas quais o ser humano experimenta e vivencia seu ser no mundo, descobrindo o que é existir, em uma experiência plena da transcendência. O corpo e o psiquismo vão desenvolvendo-se enquanto o espírito permite desfrutar o quão maravilhoso é revelar seu sentido e projeto de vida por meio da criatividade, fantasia, imaginação, jogo, arte, esporte, amizade e, fundamentalmente, partilhar com os seus tutores de sentido: pais, cuidadores ou familiares, que orientam e acompanham nesse caminho: "Somos juntos com um outro e para um outro".

A Psicologia e a Pedagogia acompanharam a infância e a adolescência nesse caminho, naquilo que os gregos chamaram de "Paideia", o processo de formação e educação a partir do ser (valores) e do conhecimento (conhecimento e o técnico), saberes fundamentais na sociedade. No campo clínico da Psicoterapia, é Sigmund Freud quem reafirma a importância da infância na constituição do tornar-se pessoa, e são os pós-freudianos como Ana Freud, Melanie Klein, Donald Winnicot e François Dolto, entre tantos outros importantes psicanalistas infantis, que abrem caminho para a Psicoterapia infantil e adolescente.

A Logoterapia e Análise Existencial de Viktor Frankl são convocadas a acompanhar esse processo no que o Dr. Viktor Frankl chamou de autodeterminação e autoconfiguração, no despertar da consciência e na tomada de decisões diante das adversidades. É tarefa da Logoterapia guiar a infância e a adolescência, tanto no campo clínico da Psicoterapia quanto no campo educacional para descobrir o sentido do amor, nos Valores Experienciais com o *homo amans*; descobrir o sentido do trabalho por meio de Valores Criativos com o *homo faber* e descobrir o sentido do sofrimento por meio dos Valores De Atitude com o *homo patiens*. O poder desafiador do espírito da infância e da adolescência energiza esses caminhos, e, guiado por essa premissa, esse livro atende ao chamado e à tarefa que a Logoterapia propõe.

São poucos os livros publicados sobre a aplicação da Logoterapia e Análise Existencial à infância e à adolescência. Este livro, de treze capítulos, representa o resultado de horas de trabalho clínico, educacional e de pesquisa no consultório e em salas de aula, com crianças e adolescentes, de prestigiosos logoterapeutas brasileiros, que amam a Logoterapia infanto-juvenil, movida por um espírito criativo e proativo, e que agora compartilham conosco a aplicação da Logoterapia e da análise existencial por intermédio de casos clínicos, técnicas, métodos e ferramentas inovadoras para o trabalho clínico e educacional individual e em grupo, tanto presencial quanto em modalidades remotas virtuais, para a expressão da "logo atitude" e a tomada de posição perante a imprevisibilidade da vida, a adversidade e as situações extremas (a doença, a morte, o abuso sexual, o Autismo, a separação, o divórcio dos pais, a pandemia), bem como para a promoção do sentido da vida na escola e na Psicoterapia.

Encontramos, capítulo por capítulo, pressupostos teóricos e práticos em Logoterapia com crianças e adolescentes; a compreensão da dinâmica do espiritual-existencial e do psicofísico na perspectiva tridimensional frankliana; as diferentes manifestações da dimensão espiritual e seus recursos noéticos no processo de desenvolvimento humano em sua noodinâmica. Eles compartilham conosco como a criança e o adolescente vivenciam os valores da criação, da experiência e da atitude.

Este grande trabalho em equipe reafirma que a Logoterapia com crianças e adolescentes é possível, e mais do que possível, é uma necessidade dos tempos atuais, em que a tríade neurótica de massa de Viktor Frankl (vício, depressão e agressão) torna-se a expressão sintomática da perda temporária de sentido na vida infanto-juvenil, na qual cabe a nós, como tutores do sentido, acompanhar a "logo atitude" e a autoconsciência de ser no mundo de uma maneira transcendente.

Cada um dos autores partilha com maestria, amor e profissionalismo como acompanham a criança e o adolescente naquele caminho particular que se abre quando o coração, a mente e o espírito permitem que sejam acompanhados, cuidados e orientados, em um encontro existencial em que a principal tarefa é tornar-se uma pessoa com sentido e projeto de vida transcendente.

Convido você a desfrutar palavra por palavra, linha por linha, parágrafo por parágrafo, capítulo por capítulo, essa grande contribuição à Logoterapia aplicada à infância e à adolescência, neste que é um dos primeiros livros do mundo a compartilhar os caminhos maravilhosos e deslumbrantes do espírito desafiador nesse estágio de desenvolvimento.

Muito obrigada Raisa, Thiago, Tatiana, Sarah, Bruna, Marília, Terezanísia, Annelies, Ana Paula, Lorena, Ana Clara, Jalmaratan, Aianny e Marcos, que, nesses tempos de adversidade, responderam ao chamado da vida com o seu amor por Logoterapia, seu tempo, esforço e comprometimento para publicar esse livro. Quando acompanhamos uma criança e um adolescente manifestar sua luz interior e, também, a de sua família e seu contexto estamos iluminando nossas próprias vidas. Somos faróis de sentido que se iluminam!

A tarefa e o chamado continuam para que continuemos propondo novos caminhos e alternativas de apoio clínico, educacional e familiar em prol do avanço da Logoterapia e da Análise Existencial infanto-juvenil.

Clara Martínez Sánchez
11 de junho de 2021 – Bogotá, Colombia.

Apresentação

As primeiras fases do desenvolvimento humano são um tema precioso para nossa sociedade, devido a sua importância na formação do ser humano. Por isso, diversos pesquisadores da área da Psicologia voltaram seus estudos para a área da infância e da adolescência para desvelar suas nuances. Assim, trazendo novas reflexões e contribuições que mudaram a nossa forma de olhar o processo de se tornar uma pessoa que se desdobra, tanto ao longo do tempo, quanto na sua relação com o mundo.

Temos, como exemplo, os renomados autores Jean Piaget, Levy Vigotsky, Sigmund Freud, Ana Freud, Melanie Klein, Violet Oaklander, Virgina Axline, Maria Montessori, John Bowlby, dentre tantos outros, que se debruçaram para compreender este universo e, com maestria, deixaram o seu legado consolidado na História da Psicologia.

Contudo, percebe-se que algumas lacunas passaram despercebidas, tendo em consideração que a teoria que orienta a observação também não permite um olhar mais amplo. Assim, a visão de homem e de mundo podem ampliar ou limitar a compreensão do ciclo da vida. Com o advento da Logoterapia e Análise Existencial, deparamo-nos com a ontologia dimensional proposta por Viktor Frankl ao afirmar que o ser humano é unidade na multiplicidade de dimensões, ou seja, uma unidade somática, psíquica e noológica. Esse ponto, então, lança questionamentos a respeito da pessoa em sua fase inicial da vida, a infância e adolescência, já que Frankl não aprofundou sobre esta temática. Parecia, nesse caso, que existia uma lacuna na compreensão do desenvolvimento infantil ao excluir a dimensão noológica. Diante desse cenário, a colombiana Clara Martínez Sanchez inicia um capítulo importante para a consolidação da Logoterapia infantil em seus longos anos de estudos e práticas na área, abrindo caminhos para outras pessoas também utilizarem a compreensão antropológica de Viktor Frankl em sua prática infanto-juvenil.

Embora haja alguns autores e profissionais debruçados sobre essa temática, ainda há um número reduzido da literatura que fundamente a atuação do logoterapeuta nessa área. Partindo dessa necessidade, decidimos escrever sobre como se pensa a infância e adolescência na ótica da Logoterapia, desde a teoria que a fundamente até a sua práxis.

Nessa direção, deparamo-nos sempre com os seguintes questionamentos: "Como se dá a expressão da dimensão noética em crianças e em adolescentes?", "É possível trabalhar Logoterapia e Análise existencial neste público?", "Como fazer?". Dessa forma, decidimos que era o momento de registrar nossos estudos, nossas premissas e nossas experiências para responder tais indagações.

O livro nasceu pelo amor à temática, que nos inspira a buscar esforços em prol das crianças e adolescentes, e no cuidado com eles, pelo amor ao conhecimento e a educação, que acreditamos que seja uma das melhores formas de tocar uma pessoa e edificá-la. Ademais, pelo respeito e admiração que possuímos por Viktor Frankl, buscando perpetuar e ampliar o seu legado na construção de novos saberes.

Para tal empreendimento, reunimos diversos "buscadores de sentido", que, assim como nós, também possuem o mesmo propósito com a infância para compor os capítulos que tecem tanto a sua teoria quanto a sua prática. Depois de um longo trabalho, em parceria, concretizamos mais um sonho: um livro sobre Logoterapia e Análise existencial especialmente voltado ao trabalho com crianças e adolescentes. Assim, desejamos que o leitor aproveite essa jornada de conhecimento, de amor e de paixão por esse fantástico universo do mundo infantil que vai, aos poucos, desaguar no adolescer da existência.

Com carinho, dos organizadores,

Raisa Fernandes Mariz Simões e Thiago Antonio Avellar de Aquino.

Parte I

FUNDAMENTAÇÃO TEÓRICA-PRÁTICA PARA UMA LOGOTERAPIA INFANTOJUVENIL

CAPÍTULO I
Infância e adolescência na perspectiva da Logoterapia e Análise Existencial: uma proposta teórica e prática

Raisa Fernandes Mariz Simões
Tatiana Oliveira de Carvalho
Thiago A. Avellar de Aquino

O presente capítulo tem por objetivo tecer algumas considerações teóricas para uma prática da Logoterapia com crianças e adolescentes. Para tanto, torna-se necessário compreender, inicialmente, a pergunta norteadora do pensamento de Viktor Frankl: Quem é o ser humano? Indubitavelmente, uma das principais contribuições dos esforços desse autor foi constituir uma Antropologia filosófica que pudesse conduzir uma prática psicoterápica fundamentada em sólidas bases na Filosofia da existência.

Todo ser humano, seja ele criança, adolescente, adulto ou idoso, segundo Frankl, é um indivíduo, ou seja, um ser indivisível, apesar de suas múltiplas dimensões (psicobioespiritual). Está centrado em torno de seu núcleo espiritual-existencial por seu invólucro constituído por estratos físico e psíquico. Assim, observa-se que "(...) a pessoa 'tem' um psicofísico, enquanto ela 'é' espiritual" (Frankl, 1992, p.21).

Dessa forma, torna-se imperativo compreender o significado da palavra "espiritual" para o autor. O espiritual constitui a essência do ser, assim: (1) O espiritual é a dimensão especificamente humana; (2) o espiritual tem a sua própria dinâmica. (3) O espiritual pode se contrapor ao psicofísico.

O espiritual é a dimensão que diferencia o ser humano de outros entes, por isso, é o que caracteriza a humanidade do ser. Em outras palavras, não se deveria reduzir o espiritual ao psicofísico. Conforme pensa o autor em foco:

> (...) durante o sono, existe um estado de alerta, uma instância que controla se o homem que dorme, que sonha, deve ser acordado ou pode continuar dormindo. Essa instância faz com que a mãe acorde imediatamente com a menor alteração da respiração do filho, enquanto que ignora totalmente ruídos muito mais fortes vindos da rua (Frankl, 1992, p. 24).

Essa instância poderia ser denominada de dimensão noológica já que se distingue do psicofísico. Os fenômenos originários dela não são passíveis de observação, pelo menos em sua origem. Assim, essa dimensão deve estar direcionada para o mundo dos valores e dos sentidos na vida.

Diferente da psicodinâmica, o espiritual possui uma dinâmica peculiar, movida por uma vontade de sentido. O que move o ser humano, nessa perspectiva, são as possibilidades de sentidos, por esse motivo, "o dever precede ontologicamente o querer" (Frankl, 1992, p. 45).

Um fenômeno específico do ser humano é o antagonismo no-opsíquico. Sendo o homem um ser livre, essa liberdade se constitui a partir das condições externas e internas. Em sua relação com o psicofísico, constata-se a possibilidade em se contrapor com uma postura antagônica, quando há um sentido ou um valor mais elevado. Dessa forma, o ser humano é responsável, pois responde a favor ou contra aquilo que o condiciona.

> Na medida em que o homem é condicionado como unidade e totalidade corpo-alma-espírito, isto exprime, portanto, que ele é condicionado pelo psicofísico 'de baixo para cima'; ele é acionado e determinado pelo espírito 'de cima para baixo' (Frankl, 1978, p. 154)

Levando em consideração a perspectiva do ser humano como unidade e totalidade corpo-alma-espírito, pode-se extrair um modelo do desenvolvimento noológico que tenha por base os pressupostos da perspectiva de Viktor Frankl, o que será abordado a seguir.

Concepção de desenvolvimento humano fundamentada na antropologia frankliana

De forma geral, os estudos acerca do desenvolvimento humano concentram-se sobre como as pessoas mudam e compreendem que as mudanças são sistemáticas e adaptativas, ou seja, seguem um padrão organizado e tem por finalidade alcançar uma adaptação perante as demandas internas e externas (Papalia & Olds, 2000).

Ao longo da história, surgiram diversas tentativas de explicar o desenvolvimento humano, por meio de crenças e teorias. Tais tentativas tendiam ora para uma concepção inatista, que considerava os fatores internos, inatos, biológicos como determinantes, ora para uma concepção ambientalista, que enfatizava os fatores externos, ambientais. No último século, a concepção interacionista foi fortalecendo-se, ainda, prevalente em teorias mais recentes, que considera que o desenvolvimento humano é resultado da interação de fatores internos e externos, ou seja, daquilo que já nasce com a pessoa e o que ela vai adquirindo do contexto em que vive.

Pautando-se na análise de autores da área, Biaggio (1988) afirma que a Psicologia do Desenvolvimento passou por uma evolução ao longo do século XX. Seus estudos, inicialmente, focaram em mudanças de comportamentos concretos observados com o aumento da idade, com uso de metodologias descritivas e normativas. Posteriormente, houve maior interesse em compreender as relações entre variáveis que intervinham no desenvolvimento, com a realização de estudos correlacionais. Da década de 1960 em diante, tornaram-se prevalentes os estudos de construtos mais abstratos – agressão, ansiedade, aprendizagem etc., marcados pelo interesse em explicar as causas das mudanças de comportamento, com predomínio do método experimental. Outras orientações teórico-metodológicas surgiram e se configuraram como tendências a partir da década de 80, entretanto as teorias consideradas clássicas e que foram mais influentes foram a piagetiana, a psicanalítica e a aprendizagem social (Biaggio, 1988).

Dentre as tendências mais recentes, encontram-se estudos que propõem uma ressignificação da Psicologia do Desenvolvimento (Jobim & Souza, 1996), a partir de uma visão crítica que busque resgatar no homem o seu caráter de sujeito social, histórico e cultural. Busca-se superar a perspectiva universalizante, segundo a qual o desenvolvimento dá-se conforme padrões compartilhados pelos sujeitos de quaisquer realidades. Critica-se a concepção de tempo linear e cumulativo, presente nas teorias clássicas, em que o lugar social dos sujeitos é demarcado segundo sua idade cronológica, disciplinando-se, assim, todo o curso de vida. A perspectiva crítica compreende que a infância e a adolescência são entidades produzidas historicamente, sendo concebidas de formas diversas nas diferentes culturas, podendo, até mesmo, escapar a qualquer institucionalização em algumas delas. As características biológicas, segundo essa compreensão, aparecem nos sujeitos e recebem significados dos adultos e da sociedade em que estão inseridos (Ozella, 2003).

Outras contribuições importantes para uma compreensão mais abrangente do desenvolvimento humano surgiram nas últimas décadas. A teoria bioecológica de Bronfenbrenner (2012), por exemplo, buscou aprofundar os estudos das influências contextuais, desde o ambiente imediato até o contexto cultural mais amplo, que interferem na forma como as interações sociais estabelecem-se e marcam o desenvolvimento humano. O autor destacou, assim, a relevância do contexto, definido como o conjunto das condições inter-relacionadas dentro das quais as pessoas vivem suas vidas cotidianas, sendo constituído de diferentes níveis. Chamava atenção, assim, para a complexidade do desenvolvimento nesse entrelaçamento com fatores contextuais.

Também atenta à complexidade do desenvolvimento, bem como à sua dinamicidade e não-linearidade, a Ciência do Desenvolvimento Humano (Dessen & Guedea, 2005), outra contribuição relevante, vem constituindo-se a partir de estudos interdisciplinares, que investigam a ontogênese dos processos evolutivos e as trajetórias no ciclo de vida do indivíduo. Enfatiza as mudanças biológicas, temporais, culturais e sociais, tendo como foco de análise, desde os eventos genéticos, até os processos culturais, desde os fisiológicos, até as interações sociais. Emerge como um novo paradigma para o estudo do desenvolvimento humano, constituindo-se como relativista, integrador e contextual, em contraposição à perspectiva normativa da Psicologia do Desenvolvimento que o organizou em estágios evolutivos (Aspesi, Dessen & Chagas, 2005). Busca-se, dessa forma, tratar o desenvolvimento sob a ótica do pluralismo, admitindo a coexistência de explicações de naturezas teóricas diversas, especialmente das áreas social, psicológica e biocomportamental.

Observa-se, dessa forma, que do século passado à atualidade, houve grande avanço científico na busca da superação de reducionismos e na adoção de perspectivas mais integradoras para o estudo do desenvolvimento. Porém, cabe ainda indagar acerca de como se pode compreender o desenvolvimento humano considerando a antropologia frankliana, ou seja, como podemos compreendê-lo a partir da concepção de que a pessoa humana é essencialmente um ser espiritual motivado pela busca de sentido. Corroborando o que defende Frankl (1978), parte-se aqui da premissa de que a dimensão espiritual é incondicionada, portanto, não está sujeita aos condicionamentos, nem do meio exterior, nem do meio interior vital psicofísico. Em cada momento da sua existência, portanto, o ser humano pode tomar posição tanto perante o ambiente natural quanto social, uma vez que existe algo além do meio e da herança que o constitui: aquilo que ele faz de si mesmo.

Essa incondicionalidade da dimensão espiritual não contradiz a condicionalidade que caracteriza as demais dimensões. Segundo Frankl (1973; 1978; 2011), as dimensões biológica, psicológica e noética ou espiritual constituem o ser humano, que se desenvolve em um contexto concreto que traz possibilidades e restrições. Ainda que seja um ser espiritual e, logo, incondicionado, de acordo com sua essência, é também um ser finito e limitado em sua totalidade. Nem sempre a pessoa espiritual consegue impor-se por meio dos estratos psicofísicos, do que decorre que só pode ser incondicionada de um modo condicionado.

Defende-se, dessa forma, uma visão de desenvolvimento humano que não é determinista, tampouco negacionista acerca dos condicionamentos sociais, psíquicos ou biológicos. Alinhados a essa perspectiva, Griffa e Moreno (2008) optam por falar em "fatores intervenientes" no desenvolvimento da personalidade, reconhecendo tanto o âmbito interno quanto o externo, bem como a possibilidade de autodeterminar-se, que é específica do ser humano. Tais fatores intervenientes são definidos pelos autores como: a) o dado: a natureza, a herança, as potencialidades que amadurecerão, o inato, isto é, aquilo que nasce com o próprio sujeito; b) o apropriado: a apropriação do mundo, a experiência, o aprendido, adquirido no vínculo com o ambiente, com os valores, com a cultura; c) a autodeterminação: fator característico da liberdade da vontade da pessoa. A ideia básica aqui é de que a personalidade constitui-se a partir da espontaneidade natural possibilitada pelo inato e pela escolha livre diante das oportunidades contextuais com as quais a pessoa interage.

Diante das questões acerca de como as pessoas chegam a ser o que são e por que seu desenvolvimento segue uma direção ou curso, Griffa e Moreno (2008) apoiam-se na ideia de epigênese para sustentar uma visão de desenvolvimento do ser humano enquanto uma totalidade. O princípio epigenético, difundido pela embriologia, foi utilizado por Erik Erikson (1998) para explicar o desenvolvimento da personalidade como um plano ou projeto básico, a partir do qual surgem as partes, tendo cada uma delas seu momento de eclosão. Entretanto, em vez de compreender o ciclo de vida como uma sucessão de estágios, como na perspectiva eriksoniana, Griffa e Moreno (2008) adotam a ideia de "chaves" de interpretação para cada momento significativo do desenvolvimento epigenético. Ou seja, existem processos biológicos que sustentam mudanças psicossociais ao longo da existência e que precisam ser considerados para uma visão adequada acerca do vivido nas diferentes idades, sem deixar de considerar as escolhas da pessoa no direcionamento de seu curso de vida.

Assim, o ser humano recebe o dado na sua concepção, vai apropriando-se de uma organização do contexto, mas pode dirigir a própria vida. "O ser humano é concebido, nasce, cresce e morre como expressão de um plano de vida específico ou forma humana, devido ao qual só pode viver como humano. Há, porém, um plano de vida singular, o qual deve elaborar." (Griffa & Moreno, 2008, p. 72). Os autores enfatizam, dessa forma, que o desenvolvimento pessoal supõe aceitar o dado, assumir o que é inerente à condição humana e a tarefa de ser aquele indivíduo concreto e único. Apropriar-se do que é valioso em seu meio, portanto, é um exercício inteligente, de liberdade e responsabilidade. Além da influência eriksoniana, os autores abarcam muitas outras, incluindo as teorias psicanalítica e piagetiana, demonstrando a possibilidade de integração teórica para a compreensão dos diversos aspectos do desenvolvimento humano.

Teoria do desenvolvimento noético: a descoberta de sentido e realização de valores na infância e adolescência

A juventude marca a transição para a idade adulta, coroando um longo processo de definição da identidade, vivenciado durante a infância e adolescência que, para Pintos (1992), correspondem à primeira idade do ciclo de vida. A segunda inicia-se na juventude e se completa na maturidade própria da idade adulta, enquanto a terceira é constituída pela velhice. Para o autor, em cada uma dessas idades, predominam as necessidades próprias de uma das dimensões constitutivas do ser humano.

Na primeira idade, ainda que estejam presentes de forma integrada todas as dimensões, são as solicitações do plano biológico que se destacam (Pintos, 1992). Da infância à adolescência, é vivenciado o reconhecimento, inicialmente, do próprio corpo e, gradualmente, do mundo ao redor de si, de seus desejos, são tomadas as primeiras decisões, até que se possa ir constituindo uma cosmovisão e projeto de vida pessoal. Trata-se de uma idade em que o ser humano deve ser preparado para uma vida autônoma, que o possibilite ir superando a dependência inicial. Nessa idade, em contraste com as demais, o ser humano tem maior necessidade de receber algo do mundo, embora esteja sempre presente a dinâmica que o leva a ir além de si, propiciando um processo contínuo de amadurecimento da personalidade. É uma fase em que a busca de sentido na vida perpassa questões relacionadas à definição da própria identidade, sendo essa uma tarefa evolutiva existencial, crucial para seguir adiante ao longo do ciclo de vida de forma saudável.

Seguindo na reflexão de Pintos (1992), a segunda e a terceira idade seriam, respectivamente, de predomínio do psicossocial e do noético, em que a necessidade de receber do mundo, característica da primeira idade, dá lugar à reciprocidade na idade adulta e, posteriormente, ao dar de si ao mundo, na velhice. O processo de amadurecimento noético, segundo o autor, contrasta com a visão reducionista de algumas teorias, segundo as quais o envelhecimento corresponde ao declínio e à deterioração. A verdadeira plenitude humana, ao contrário, pode ser alcançada na idade em que a dimensão espiritual pode se expressar de forma mais plena, como ocorre na terceira idade. "Alguém disse, em uma ocasião, que quem não descobre o sentido de uma idade se vê condenado a viver o pior dela." (Pintos, 2014, p. 261)

É curioso observar que a velhice e a infância, antagônicas em diversos sentidos, tocam-se em algum ponto no ciclo vital da pessoa humana que experiencia e descobre valores e sentidos. Um ser humano que passou pelo processo de maturação noética foi, um dia, uma criança também cheia de descobertas e aberta ao mundo, construindo e lapidando o seu ser espiritual na realização de valores daquela fase inicial de sua vida, possivelmente orientada por pessoas que, como os pais de Frankl, ofereceram suporte e segurança no seu desenvolvimento.

O que marca a contribuição específica e fundamental da Logoterapia e Análise Existencial a essa concepção de desenvolvimento diz respeito ao fator da autodeterminação. Em sua ontologia dimensional, Frankl (1973; 1978; 2011) dá subsídios para se compreender não apenas a unidade da pessoa apesar de sua multiplicidade, mas também elucida sua abertura ao mundo, sua essência autotranscendente, a possibilidade de dirigir sua vida atraída por sentidos e valores que estão além dela mesma, autodeterminando-se na medida em que toma decisões e se posiciona perante si mesma e as circunstâncias. Apesar de existir no ser humano um dinamismo psíquico que é compartilhado com os animais, o que lhe caracteriza essencialmente é um outro tipo de dinamismo, de natureza noética. E é esse noodinamismo que está na base de todo processo de formação e de transformação da personalidade ao longo da vida, e que se dá pela busca de sentido.

Para Frankl (2020), o sentido marca a marcha do ser e a existência vacila se não for vivida nos termos de uma transcendência, se não for dirigida a algo além de si mesma. Quando a orientação ao sentido, inerente ao ser humano, converte-se em confrontação com o sentido concreto no mundo, alcança-se um nível de maturidade da personalidade no qual a liberdade se torna responsabilidade. A Logoterapia e Análise Existencial, portanto, centram-se na busca e confrontação do sentido, ou seja, na vontade de sentido, liberdade e responsabilidade, elementos da noodinâmica característica do ser humano. "O homem procura sempre um significado para a sua vida. Ele está sempre se movendo em busca de um sentido de seu viver" (Frankl, 1989, p. 23).

Nesse sentido, constata-se que o autor não delimitou essa busca a apenas algumas fases da vida. Além de considerar o desenvolvimento do psicofísico, encontra-se, em sua obra, a preocupação com a dimensão noológica, citando, literalmente, o pensamento de Edward M. Bassis, que defendeu que a vontade de sentido poderia ser constatada desde a infância:

> O problema parece ser o fato de que só podemos inferir a existência da "vontade de sentido" a partir de uma idade em que uma criança desenvolva um domínio suficiente da linguagem (...) a partir do nascimento, envolve-se no mundo que, continuamente, oferece novas maravilhas a serem descobertas, relacionamentos a serem explorados e experimentados e atividades a serem inventadas. A razão pela qual a criança, tão avidamente, busca experiências, experimentos consigo mesmo e com o seu meio, e se mostra, tão continuamente, criativa e inovadora para desenvolver seus potenciais humanos se deve à "vontade de sentido" (Citado por Frankl, 2011, pp. 57-58).

As teorias psicogenéticas (Piaget, 2002; Vigotski, 2003; Wallon, 2007) demonstram que o surgimento da linguagem é um fator que marca de forma significativa o desenvolvimento humano. Dedicadas ao estudo das funções psicológicas à luz de sua gênese e evolução, revelam que é por meio da aquisição da linguagem que muitas outras conquistas são possíveis ao ser humano, tanto do ponto de vista cognitivo, quanto afetivo, social e moral. Porém, mais do que estágios do desenvolvimento, Frankl dá ênfase ao aspecto histórico da existência, posto que o ser humano é compreendido por meio de sua biografia. Assim, não se pressupõem aqui estágios universais ou sequencias invariantes, mas pretende-se compreender o desenvolvimento ontogenético à luz da Logoterapia. Para propor um modelo do desenvolvimento a partir da perspectiva de Viktor Frankl, deve-se ter em vista que "o espiritual somente é conhecido por nós em união com o psicofísico" (Frankl, 1978, p. 148).

Para uma melhor compreensão da dinâmica do espiritual-existencial por meio do psicofísico, utilizamos uma pirâmide para visualizar a perspectiva tridimensional da análise existencial de Frankl (Figura 1).

Figura 1 – Modelo da ontogênese bio-psico-espiritual.

Na base da pirâmide, encontram-se os primeiros elementos que o ser humano recebe dos pais: o físico, que é dado pela hereditariedade. Constitui um destino biológico, tendo em vista que não se constitui como uma escolha pessoal. Para a Logoterapia, as disposições psicofísicas herdadas são constitutivas para a pessoa espiritual poder se expressar no mundo. Entretanto, o espiritual, a princípio, encontra-se latente no invólucro do psicofísico, o qual precisa maturar para servir como um instrumento de expressão (Frankl, 1978).

A exemplo desse processo, Frankl (1978) faz referência ao primeiro sorriso da criança, quando emerge a pessoa espiritual por trás do organismo psicofísico e, logo em seguida, volta a se ocultar e silenciar. O invólucro que o autor denomina de psicofísico pressupõe uma qualidade de plasticidade como futuro campo de expressão da dimensão noológica. Conforme expressou o autor, "foi a pessoa que esperou até poder brilhar como um relâmpago – até poder sorrir através do organismo, e nesse primeiro sorriso, transformar, pela primeira vez, o organismo no seu campo de expressão" (Frankl, 1978, p. 130).

Essa perspectiva aproxima-se da compreensão de Vigotski (2018) quando afirma que "a criança é um ser que difere do adulto qualitativamente pela estrutura de todo organismo e de toda personalidade" (p. 29). Nessa perspectiva, compreende-se que o amadurecimento do psicofísico seria uma condição necessária para ocorrer mudanças qualitativas e alcançar um nível de expressividade maior da pessoa espiritual. Ademais, Frankl faz uma distinção no processo de ontogênese ao aventar que o físico origina-se nos cromossomos, ao herdar as características instrumentais; já o psíquico seria orientado pela educação, em contextos culturais específicos e nos processos de socialização. Por fim, "o espiritual se realiza na existência" (Frankl, 1978, p. 131), o que torna o ser humano único e irrepetível. Dessa forma, a Logoterapia compreende que, por trás da hereditariedade e do ambiente, que são fatores condicionantes, mas não determinantes, encontra-se a criança espiritual, ou seja, o ser-que-decide.

Com a aquisição da linguagem, destacado na camada 2 da pirâmide (Figura 1), a criança pode expressar as suas inquietações existenciais, conforme pode-se constatar na própria biografia de Viktor Frankl:

> Deve ter sido aos quatro anos que, uma noite, pouco antes de dormir, eu fiquei chocado, na verdade fortemente abalado diante da visão de que um dia eu também teria que morrer. O que porém, afligia-me não era em tempo algum de minha vida o medo da morte, mas muito mais apenas uma questão: se a transitoriedade da vida não aniquila seu sentido (Frankl, 1990, p. 112).

Desde a tenra idade é possível constatar uma preocupação do ser humano com o sentido da vida. Além dessa especificidade humana, encontram-se também na infância outras manifestações da dimensão espiritual, tais como: o humor, a criatividade artísticas, interesses práticos e valorativos. Nessa perspectiva, seria possível constatar dois fenômenos espirituais: o autodistanciamento e a autotranscendência.

Esses fenômenos são recursos noéticos, ou seja, capacidades específicas e intrinsecamente humanas que nos permitem pensar e agir elevando-nos acima de nós mesmos, seja dedicando-se a uma tarefa ou existindo para algo ou alguém (autotranscendência) (Lukas, 1989), seja saindo de si no sentido de vislumbrar algo além de sintomas ou problemas, enxergando possibilidades (autodistanciamento).

A autotranscendência pode manifestar-se por meio da consciência, na apreensão de sentido em sua singularidade e unicidade, e do amor, na apreensão genuína de outro ser humano na sua irrepetibilidade (Frankl, 2011). No autodistanciamento, torna-se possível fazer uma escolha em relação a si mesmo. Dessa forma, diante das adversidades, há possibilidade de manifestar o espiritual por meio do humor ou, mais especificamente, por meio da capacidade de rir de si mesmo (Frankl, 2011), algo que, certamente, encontra-se no universo infantil, já que o sentido é percebido desde a infância. A criança abre o caminho ao adolescente e ao adulto que virá, em grande medida pela expressão de recursos espirituais na infância que facilitam a continuidade do projeto de vida. A dimensão espiritual possui um contínuo que se manifesta de acordo com o processo de desenvolvimento físico e mental da pessoa, por isso, certos sentidos percebidos na infância podem ser expressos com ações na idade adulta.

É importante pontuar a ideia postulada por Frankl de que quanto mais uma pessoa se abre, esquecendo-se de si, mais humana ela se torna (Frankl, 2008). Então, tendo em vista que a infância é um período marcado por descobertas e abertura ao mundo, pode-se dizer que a criança é verdadeiramente um ser aberto para ele. Essa abertura constitui tanto em dar algo quanto receber algo do seu entorno, como proposto na terceira camada da pirâmide (Figura 1). Desse modo, a família é importante no cenário infantil e deve proporcionar um ambiente favorável para o desenvolvimento, germinando sentimentos de segurança no infante, a fim de proporcionar valores de vivência. Assim, relata Frankl:

> Eu deveria ter cinco anos – e eu penso que esta lembrança da infância é paradigmática – quando numa manhã de sol numas férias de verão em Hainfeld acordei e, enquanto ainda mantinha os olhos fechados, era inundado pelo indizível sentimento de prazer e felicidade por estar a salvo, vigiado e protegido. Quando abri os olhos, meu pai sorria, curvado sobre mim (Frankl, 1990, p.113).

Os sentimentos de segurança e felicidade, proporcionados pelos cuidadores da criança, facilitam o expressar livre do ser criança, porque elas sentem que, naquele meio, podem ser elas mesmas e descobrir-se. Dessa forma, pode emergir com mais facilidade o desenvolvimento das três categorias de valores propostas por Frankl: criativos, vivenciais e atitudinais, como exposto na camada 3 (Figura 1).

Os Valores Criativos podem ser experimentados quando a pessoa dá algo ao mundo, por intermédio de criações de diversas ordens, como intelectual, artística, cultural, e a frustração dessas potencialidades criativas podem levar o ser humano a uma mecanização ou à despersonificação, produzindo o tédio ou revolta (Xausa, 2011).

Na criança, o dar ao mundo pode ser experienciado na fase escolar, em que ela vivencia a aprendizagem, deixando fluir suas capacidades. Por isso, é importante que o educador esteja atento ao ser único de cada educando, no sentido de mediar esse processo de descobrimento e emergência de cada potencialidade também única e irrepetível, para que não haja frustração criativa.

Na segunda categoria de valores, encontram-se aqueles de experiência ou vivenciais, como algo que recebemos do mundo, de forma gratuita, seja por meio do que a pessoa pode captar da natureza, da cultura, da mística e, principalmente, do amor. Então, quando o homem se dá conta de que pode receber algo do mundo, aí está vivenciando os valores de experiência (Xausa, 2011).

Pode-se observar estes valores em diversas situações da vida da criança, a exemplo do vínculo familiar, pela expressão de amor dos membros da família, das interações sociais na escola, por crianças entre si e entre educadores e educandos, e em outros contextos extraclasse, como celebrações de aniversários e momentos de lazer, brincar na areia da praia ou do parque, colecionar folhas, álbuns, bichinhos e similares. Todos esses atos são formas de receber do mundo o que ele oferece e, portanto, são fontes de valores experienciais na infância.

Por fim, os Valores Atitudinais são os que aparecem diante de um fato imutável de difícil superação. São características peculiarmente humanas: sofrer, sentir culpa e considerar a finitude da vida (Xausa, 2011). Ainda diante dessa tríade trágica, é possível agir, mesmo que de forma limitada. E é nessa ação que se expressa o valor de atitude, sendo o homem consciente e responsável para decidir como atuar frente ao inevitável.

Na infância, a tomada de decisões é possível, ainda que em fase de construção e desenvolvimento. Já no período crucial do ciclo da vida, quando eclode a puberdade, percebida na camada 4 da pirâmide (Figura 1), em que o jovem confronta-se com o sentido do ser-no-mundo de forma mais contundente, pode-se observar os Valores Atitudinais tomando mais forma. Assim, Frankl expressou que:

> (...) Sobretudo, no período da puberdade, quer dizer, naquele período em que se revela ante o jovem que vai maturando espiritualmente e luta espiritualmente por ver claro a problemática essencial da existência humana (Frankl, 1992b, pp. 60-61)

Com a maturidade do psicofísico, a luta espiritual por um sentido na vida torna-se mais evidente com uma maior autonomia da existência espiritual. A capacidade prospectiva e a preocupação com um projeto existencial ampliam-se, sobretudo, com uma maior consciência da área de liberdade. Nas palavras de Frankl (1992a) "(...) o eu se torna consciente de si mesmo" (p. 16). Dessa forma, a pessoa espiritual pode se contrapor, de forma mais autônoma, aos condicionantes do psicofísico ou usar a sua dimensão psicofísica para expressar a sua dimensão noológica/espiritual.

Na adolescência, constata-se o movimento dessa dimensão quando o ser humano busca uma visão de mundo (cosmovisão) de forma mais nítida, uma *weltanschauung*, uma compreensão intuitiva ou pré-reflexiva acerca dos valores e a respeito do mundo. Se na infância a segurança e a confiança básica encontram-se nos vínculos afetivos provenientes das relações parentais, nessa fase do adolescer, o foco da segurança desloca-se para suas reflexões filosóficas. Sua luta espiritual é chegar a uma cosmovisão que possa abarcar a sua vontade de sentido e a área que precisa ser preenchida que se encontra como possibilidades futuras.

Não obstante, quando o jovem adere a uma cosmovisão niilista, pode frustrar a sua busca de sentido, emergindo, assim, o vazio existencial. Tal vivência pode se expressar por meio do tédio e da "(...) sensação abissal de ausência de sentido" (Frankl, 1990, p. 14). Essa carência espiritual ainda levaria a posturas conformistas (fazer o que os outros fazem) e totalitaristas (fazer o que os outros querem). Ademais, Frankl (1990) apontou outros indícios da patologia do espírito da época, tais como: (1) Fatalismo: crença no poder absoluto do destino (sociológico, biológico e psicológico); (2) Atitude existencial provisória: viver apenas o presente de forma excessivamente hedonista, sem agir para trazer as potencialidades futuras para a realidade do passado; (3) coletivismo: despersonalização e fuga da responsabilidade pessoal e (4) fanatismo: intolerância com as diferenças de opiniões.

Os outros lados da pirâmide que não vemos na Figura 1 remetem à própria possibilidade da existência possível no seu caráter de unicidade, em que a espiritualidade consciente se expressa de maneira única para cada indivíduo, podendo destacar, por exemplo, o descobrimento de virtudes. De forma geral, o processo do desenvolvimento humano deve abarcar a aquisição de algumas virtudes fundamentais para que a criança e o adolescente transformem-se em adultos saudáveis e plenos. Assim, com a maturação do psicofísico, advém a aquisição de virtudes humanas para a pessoa espiritual atuar no mundo com liberdade e responsabilidade. Desse modo, a tolerância e humildade podem aplacar o fanatismo; a compaixão com o diferente ajudaria a não cair em posturas coletivistas, e tanto a gratidão com a vida quanto a virtude da esperança seriam fatores protetivos para se contrapor à atitude existencial provisória e ao fatalismo.

Sobre a virtude mais relevante e a emergência de uma filosofia de vida, Vygotsky em 1931, em uma carta endereçada a Levina, afirmou:

> Escutando a vida (esta é a virtude mais importante, uma atitude relativamente passiva no começo), você encontrará em si mesmo, fora de você, em tudo, tanto que nenhum de nós tem condições de acomodar. Claro que não se pode viver sem dar, espiritualmente, um sentido à vida. Sem a filosofia (a sua própria filosofia de vida pessoal), pode haver niilismo, cinismo, suicídio, mas não vida. Mas todos têm sua filosofia, é claro. Aparentemente, você tem de amadurecê-las em si mesmo, dar-lhe espaço dentro de você, porque ela conserva a vida em nós. Depois há a arte, para mim – poemas, para outros – música. Depois, há o trabalho. Quantas coisas podem incitar uma pessoa à procura da verdade! Quanta luz interior, calor e apoio existe na busca em si! E, então, há o mais importante – a própria vida – o céu, o sol, amor, pessoas, sofrimento. Isso não são simplesmente palavras, isso existe. É real. Está entrelaçado na vida. (Vygotsky citado por Veer & Valsiner, 2001, p. 29).

Depreende-se do exposto que o autor russo reconheceu que a vida humana é constituída de algo mais que representações e mediações simbólicas. O mundo real, com seus valores, está além do que pode ser acomodado pela pessoa, mas pode ser por ela contemplado. Ainda que tenha se dedicado ao estudo das funções psicológicas, admite algo de espiritual no ser humano, relacionado a um sentido que lhe permite viver. Frankl (1973; 1978; 2011; 2020), por outro lado, dedicou-se a explicitar o que há de específico no ser humano, que diz respeito a essa espiritualidade com sua dinâmica própria de busca de sentido. Na perspectiva frankliana, é a mobilização da dimensão propriamente humana que permite que, ao longo do desenvolvimento, vá-se ampliando a área de liberdade e, logo, advenha o fenômeno da responsabilidade da pessoa, em seu confronto com o mundo. O jovem começa a compreender com mais nitidez que virtudes e valores podem transformar o mundo por meio de suas ações.

O idealismo se constitui como uma característica essencial nesse período, o que permite o seu crescimento saudável, com maior abertura para o mundo e para a comunidade humana, preservando a sua unicidade como um ser-no-mundo. Conforme Lukas (1992), a singularidade cristaliza-se na juventude e "[...] se desenvolve de acordo com a vontade própria e no confronto com o próprio caráter" (p. 98).

Sendo assim, os logoterapeutas são convocados à missão de trabalhar uma infância e adolescência com sentido, e isto é o que constitui a própria definição de uma Logoterapia da infância e adolescência, utilizando de algumas sugestões de práticas elencadas a seguir.

Recomendações para uma prática da Logoterapia com crianças e adolescentes

O olhar do logoterapeuta para o ser humano deve ser perpassado de confiança, iluminando os aspectos positivos da existência. Sobre esse aspecto, Lukas (1992) alerta para não confrontar a criança com expectativas altas demais nem tão baixas. A autora sugere que é mais favorável para o seu desenvolvimento ter uma expectativa um pouco mais elevada. "Ainda quanto às crianças com distúrbios de comportamento ou crianças neuróticas, devemos ter confiança de que também elas possam se transformar em pessoas alegres e saudáveis" (Lukas, 1992, p. 107). Assim, o logoterapeuta deve ajudar o paciente a procurar e encontrar um sentido, não na enfermidade, mas apesar dela (Lukas, 2005). Conforme recomenda,

> Para estabilizar uma criança, é preciso estabilizar primeiramente as pessoas que a educam, o que não é possível através de críticas,

mostrando-lhes seus erros, mas unicamente pelo encorajamento, ajudando-as a aceitar a criança, tal como ela é, com amor, sem constantemente procurar em si as causas de problemas da criança e tentar consertá-los. (Lukas, 1992, pp. 98-99).

Então, para a Logoterapia, o centro não é a técnica em si, mas o encontro existencial como um elemento importante no processo psicoterápico (Frankl, 2011). As técnicas são de fundamental importância, atuando como recursos mediadores no caminho, devendo ser bem intencionadas e fundamentadas teoricamente, porém, se o encontro não acontecer, a técnica perde o seu valor, pois torna-se bruta. Assim, na prática com crianças e adolescentes, "nunca algo deve ser usado de forma artificial, inautêntica ou desnatural" (Lukas, 1992, p. 101). Em última instância, "Podemos fazer com que os jovens sob nossos cuidados entendam mesmo sem palavras a naturalidade do nosso 'estar disponível para eles'" (Lukas, 1992, p. 103).

O próprio Frankl (2011) recomenda que o logoterapeuta deve individualizar e improvisar, modificando a técnica de pessoa para pessoa. Isso pode ser evidenciado por meio de demonstrações de casos clínicos. Dessa forma, algumas recomendações devem ser levadas em consideração e serão apresentadas a seguir como sugestão para quem atua na área infanto-juvenil, tendo em vista a liberdade da pessoa no manejo de sua atuação.

Nessa esfera, a Logoterapia é considerada uma abordagem de atuação semidiretiva, tomando como pressupostos os próprios princípios básicos (liberdade e responsabilidade). Isso porque, na medida em que o encontro existencial é o que mais importa, o logoterapeuta é livre para decidir como agir com cada paciente de uma forma única, podendo, algumas vezes, optar por direcionar algum recurso ou alguma intervenção que considere ser necessário aquele caso, e outras vezes acolher o que a criança traz para o espaço terapêutico naquele momento e atuar a partir do que está sendo vivenciado. A renomada logoterapeuta infantil Clara Martínez nos diz:

> (...) é inevitável não participar e deixar apenas a criança dirigir o tratamento. Respeitamos os sentimentos, pensamentos e comportamentos da criança, no entanto, ela também aprende a fazer o mesmo conosco, ou seja, é uma construção no espaço

terapêutico comum para que ambos se sintam à vontade em descobrir o caminho do sentido. Acompanhamos uns aos outros e, por meio do diálogo socrático incluído no jogo, que chamo de jogo socrático, facilitamos esse descobrimento." (Martínez, 2014).

A postura do Logoterapeuta é um ponto muito importante para que haja clareza quanto à liberdade de atuação, mas também aos limites necessários no que diz respeito ao envolvimento do terapeuta no processo. Ser semidiretivo não é ser permissivo, nem se deixar levar por tudo que a criança traz ou faz no atendimento. É estar atento às possibilidades e melhores caminhos de intervenção ao sentir o que a criança e a família trazem ao processo e, para essa prática se desenvolver, é necessário intuir e se colocar no lugar da criança, conectando-se à sua própria criança interior.

Essa conexão deve ser bem elaborada pelo terapeuta justamente para que não se confundam experiências, sendo recomendado para ele, além de acompanhamento terapêutico, uma supervisão com profissional da área que o auxilie na lide dos casos:

> É por este motivo que sugiro supervisão de casos, especialmente nos primeiros anos. Lembro-me de quando comecei minha prática com as crianças e eles expressaram suas vidas espontaneamente, aberta e carinhosa, recebi-os com atenção e me senti satisfeita e feliz com o trabalho que estava fazendo, mas às vezes não podia evitar ouvir alguns ecos da minha própria história, e eu concordava com eles em alguns aspectos e de repente me vi brincando com eles e com uma conexão inexplicável. Então compreendi que o que me uniu e facilitou meu trabalho com eles foram os sentimentos, emoções e experiências do mundo interior da criança que eu tinha, apesar da minha idade adulta, oferecer à criança para um trabalho terapêutico. Mas eu também entendi que era meu dever de cuidar de minhas próprias experiências de infância não resolvidas, aquelas que estavam impregnadas de tristeza, solidão e ressentimento. Dessa forma, os ecos não seriam desagradáveis de ouvir, mas, ao contrário, elas facilitariam a conexão e a comunicação necessária para trabalhar a terapia com crianças. É poder lembrar dos momentos e experiências da infância de

forma diferente, ressignificando o doloroso e surpreendente e ativando o agradável. (Martínez, 2014).

Então, o logoterapeuta infanto-juvenil deve realizar esse exercício de autodistanciamento, desenvolvendo mais essa capacidade, bem como a autotranscendência, os valores da criação, o humor, e não criar ou reforçar estigmas, não gerar iatrogenia, enxergando sempre o campo das possibilidades e entendendo a relação terapêutica como um verdadeiro encontro existencial humano.

Lukas (2012) afirma que: "(...) os logoterapeutas trabalham dentro da área da liberdade do espírito, dizem aos pacientes: 'você tem um problema, um sintoma, mas nada o força a temê-lo, a considerá-lo importante, a seguir observando-o e submeter-se ou terminar sua vida por ele. Deve mais bem aceitá-lo e transformá-lo em algo positivo, ou ignorá-lo; ou melhor ainda, rir-se dele" (p.34). O humor seria, assim, um dos aspectos salutogênicos e também uma especificidade humana que ajuda na arte de viver.   Sobre o espaço de atendimento, a recomendação a seguir aplica-se a qualquer ambiente em que se possa trabalhar com crianças, não somente em um consultório clínico, mas em escolas, espaços multiprofissionais e a própria casa, para quem tem filhos, netos e outros parentes, ou convive com outras crianças.

O primeiro ponto importante é que não há um padrão. Se estamos trabalhando pela visão da Logoterapia, isso por si já se explica. Não podemos reduzir o espaço a um único padrão, deixando a critério de cada pessoa montar o seu lugar infantil, de acordo com suas impressões de infância. realidades geográficas e climáticas, sociais e culturais e necessidades do momento. Porém, seja qual for o espaço, deve ser acolhedor para a criança e família.

O que pode ser sugerido como pontapé inicial é a disposição de recursos materiais que atuem como facilitadores de expressão das crianças e adolescentes, como papéis e lápis variados, de formas, tamanhos, cores e texturas diferentes, massinha de modelar, cola, tesoura, instrumentos musicais, revistas, jornais, materiais recicláveis que possam servir de construção para outros materiais e no desenvolvimento dos próprios Valores Criativos, bem como brinquedos já prontos como jogos, bolas, bonecos e bonecas variados, frutas de plástico, carros, fantoches, livros e outros que façam parte do cotidiano local e possam servir para a elaboração de sentimentos, fala e expressão da dimensão espiritual. O que importa não é a quantidade de recursos que terá no ambiente, mas as possibilidades que o terapeuta vislumbra sobre o que a criança pode fazer com o que está a disposição, além de ser possível, também, aceitar sugestões da criança sobre novas (e possíveis) aquisições.

Outro fator importante no processo logoterapêutico com crianças e adolescentes é o envolvimento dos pais. Torna-se necessário conscientizá-los da sua responsabilidade na tarefa de ajudar os filhos a tornarem-se pessoas, conforme expressou Lukas (1992): "a maternidade ou paternidade começa sendo assumida a partir de um ato de amor: a centelha do amor salta para os filhos, sustenta sua educação e, por fim, libera-os para viverem sua própria vida" (p. 179).

Por isso, é importante deixar muito claro, desde o momento do primeiro contato, como será realizado o acompanhamento da criança ou adolescente, em uma etapa que podemos denominar de "Enquadre". O objetivo dessa etapa é, inicialmente, acolher a demanda e explicar à criança e aos responsáveis como se dará todo o processo de intervenção logoterapêutica, composto por quatro etapas: encontros iniciais, desenvolvimento, fechamento e seguimento (Martínez, 2014).

Por se tratar de um atendimento voltado ao público infanto-juvenil, geralmente, o primeiro contato é feito pelos pais ou responsáveis. Após o contato, com a marcação de um horário estabelecido em comum acordo pelas partes envolvidas, começam os encontros iniciais. De preferência, é recomendado que a criança compareça nesse primeiro momento, pois ela deve saber de toda a motivação que a levou ao espaço de atendimento e ela também terá o momento de fala. Em alguns casos, como abuso sexual, por exemplo, para que algum assunto seja colhido com mais cautela nas palavras, pode-se ficar com a criança na sala desde o início até certo ponto e, depois, pedir que um outro responsável a leve para um outro ambiente até que se termine o encontro inicial ou, em último caso, na impossibilidade de ter outra pessoa para acompanhar, não levar a criança para esse primeiro momento. O importante é observar a situação e entender o que é melhor e menos danoso para todos, no sentido de ouvir e falar certas palavras e, em muitos casos, podem ser realizados encontros iniciais só com a família ou só com a criança ou o adolescente.

A partir desse momento inicial com a família e a criança, em que é realizada a anamnese com as informações de vida (dados sociodemográficos, histórico dos ascendentes – gestação/adoção e saúde dos familiares, saúde da criança, histórico escolar e social, hábitos e interesses) e também a demanda que os levou até o atendimento, realizam-se os encontros iniciais somente com a criança ou com adolescente, elaborando o psicodiagnóstico e os objetivos terapêuticos para o desenvolvimento do processo. É importante frisar que o psicodiagnóstico na visão da Logoterapia não se reduz a terminações e rótulos, mas engloba um parâmetro de identificação de restrições das esferas físicas e psíquicas para descobrir como auxiliar na emergência da dimensão espiritual e suas potencialidades únicas:

> identificar as restrições psicofísicas na criança, pois temos a possibilidade de modificar até mesmo alguns deles, dependendo do caso. Às vezes, um diagnóstico ruim pode marcar negativamente a vida da criança. Muitos profissionais de saúde geram iatrogênese precoce e há casos em que a família e a criança integraram o diagnóstico como parte da personalidade sem ser, por exemplo: "David é hiperativo" e não "David tem comportamentos associados à hiperatividade. (Martínez, 2014).

A etapa do desenvolvimento segue com os encontros, técnicas e recursos diversos, como o leitor poderá constatar nos próximos capítulos. A título de exemplo, podem ser utilizados procedimentos como uma colagem, um desenho, a criação de algo como música, escultura ou brinquedo, a leitura guiada de um livro, utilizando-se da biblioterapia, dentre inúmeras outras expostas ao longo deste livro. Além disso, encontra-se na Logoterapia as técnicas do diálogo socrático, que pode ser adaptado na infância para um jogo socrático lúdico, e a técnica da intenção paradoxal, que é um meio para ativar o recurso do autodistanciamento na medida em que se utiliza a autoironia ou o "rir de si mesmo".

Para exemplificar, constata-se que, no livro "Harry Potter e o Prisioneiro de Azkaban", encontra-se uma formulação da intenção paradoxal, técnica que mobiliza o autodistanciamento por meio do humor. Na escola de magia e bruxaria de Hogwarts, o professor Lupin, que ministrava aulas de defesa contra as artes das trevas, propõe uma atividade prática para seus alunos.

Agora, então – disse o prof. Lupin, chamando com um gesto, a turma para o fundo da sala, onde não havia nada exceto um velho armário em que os professores guardavam mudas limpas de vestes. Quando o professor se postou a um lado, o armário subtamente se sacudiu, batendo na parede.

'Não se preocupem', disse ele calmamente porque alguns alunos tinham pulado para trás, assustados. "Há um bicho-papão (boggart) aí dentro'.

A maioria dos garotos achou que isso era uma coisa com o que se preocupar (...)

– Bichos-papões gostam de lugares escuros e fechados – informou o mestre (...)

Então, a primeira pergunta que devemos nos fazer é, o que é um bicho papão?

Hermione levantou a mão.

– É um transformista – respondeu ela. – é capaz de assumir a forma que acha que pode nos assustar mais (...)

– então o bicho-papão que está sentado no escuro aí dentro ainda não assumiu forma alguma. Ele ainda não sabe o que pode assustar a pessoa que está do lado de fora. Ninguém sabe qual é a aparência de um bicho-papão quando está sozinho, mas quando eu o deixar sair, ele imediatamente se transforma naquilo que cada um de nós mais teme.

Isso significa, continuou o prof. Lupin, preferindo não dar atenção à breve exclamação de terror de Neville, que temos uma enorme vantagem sobre o bicho-papão para começar (...) É sempre melhor estarmos acompanhado quando enfrentamos um bicho-papão. Assim, ele se confunde. No que deverá se transformar, num corpo sem cabeça ou uma lesma carnívora? Uma vez vi um bicho-papão cometer exatamente esse erro, tentou assustar duas pessoas e se transformou em uma meia lesma. O que, nem de longe, pode assustar alguém.

O feitiço que repele o bicho-papão é simples, mas exige concentração, a coisa que realmente acaba com o bicho-papão é o riso. Então o que precisamos fazer é forçá-lo a assumir uma forma que vocês achem engraçada (...) (Rowling, 2000, pp. 101 – 102).

Além disso, a Logoterapia ensina que o ser humano não é completamente determinado pelo seu passado, posto que as possibilidades do seu vir-a-ser podem transformar o próprio ser-assim. Dessa forma, torna-se possível se contrapor àquilo que foi herdado no contexto familiar, sobretudo em seus aspectos negativos.

> O adolescente, ao longo do seu processo de amadurecimento espiritual, pode recusar a influência positiva de seus educadores, o que precisamos aceitar; porém, analogamente, ele pode recusar também a influência negativa de sua educação e livrar-se do peso das falhas da educação que recebeu. Não há distúrbios psíquicos do jovem em desenvolvimento que não possa ser influenciado pela auto-educação do jovem já amadurecido, a não ser que tenha bases orgânicas (Lukas, 1992, p. 110)

Lukas (2005) sugere três tarefas terapêuticas que podem ser utilizadas no contexto infanto-juvenil: "Um encontro amigável com outra pessoa; uma ação útil e uma pausa de silêncio que deve ser preenchido com meditação, com uma meditação objetiva" (Lukas, 2005, p. 29). Tais atividades podem proporcionar uma abertura para o mundo, ou seja, um movimento de autotranscendência.

Por fim, o fechamento se dá quando os objetivos terapêuticos forem cumpridos e a demanda inicial (ou outras que surgiram no caminho) for solucionada pela criança ou adolescente no reconhecimento de sua dimensão espiritual e das capacidades de autodistanciamento e autotranscendência. A etapa de seguimento é uma sugestão de acompanhamento mesmo depois que o processo se encerra, no sentido de saber sobre as mudanças após o processo terapêutico e como está a criança e a família após um período. (Martínez, 2014).

Na psicoterapia com crianças, é importante ao logoterapeuta e analista existencial conectar-se com sua própria criança interior, pois esse encontro permite a melhor compreensão do mundo infantil e a sensibilidade para mediar o processo de descobrimento ou redescobrimento de valores, por parte da criança. A missão será justamente o de ser um facilitador para que a criança perceba que existem portas e janelas a serem abertas, emergindo suas potencialidades, reconhecendo-as e construindo seus caminhos, por meio da criação, da vivência e da livre tomada de atitudes.

O processo de Psicoterapia junto do adolescente seria fundamentalmente ajudá-lo a se reconhecer como um ser livre e responsável para fazer escolhas mais significativas. Em outras palavras, deve-se proporcionar ao jovem adolescente se guiar por sua dimensão noológica e não a agir em consonância aos condicionamentos do psicofísico. Conforme alertou Frankl:

> Vivemos numa enxurrada de estímulos sensoriais, não somente sexuais. Se o ser humano quiser subsistir ante essa enxurrada de estímulos trazidas pelos meios de comunicação de massa, ele precisa saber o que é e o que não é importante, o que é e o que não é essencial, em uma palavra: o que tem sentido e o que não tem (Frankl, 1992a, p. 70).

Assim, compreende-se que o papel da Logoterapia deve sempre ampliar a percepção das possibilidades de ser-no-mundo, ajudando as crianças e os adolescentes no processo de discernimento na área de liberdade do ser. Como um ser que decide, todo ato humano precisa ser seletivo e como um ser prospectivo necessita também refletir acerca das consequências das escolhas. Mais do que nunca, precisa discernir entre o que tem mais sentido (dever-ser) e o que possui menos sentido (não-dever-ser). Dessa forma, o ser humano pode constituir sua própria existência de forma genuína e plena.

Considerações finais

Embora não haja especificação direta de Viktor Frankl no trabalho com crianças, foi possível desenvolver, a partir dos seus fundamentos teórico-práticos voltados ao ser humano, um modelo de desenvolvimento noético que responda ao questionamento: é possível trabalhar Logoterapia com crianças e adolescentes?

Indubitavelmente, a resposta é sim! A prática da Logoterapia, seja no âmbito clínico, educacional, seja em outros contextos, como os jurídicos, espaços de saúde pública, instituições de acolhimento e similares, deve refinar a capacidade da criança e do adolescente para encontrar sentidos na própria existência, ajudando-os a escutarem a voz da própria consciência (*Gewissen*) e a perceberem o que a vida espera deles, pondo em movimento a busca por sentidos que possam promover tensões e desafios saudáveis, promovendo a realização de valores e a consequente maturação noética no ciclo de vida humana.

Além disso, nas últimas décadas, a prática de diversos profissionais da Logoterapia no contexto infanto-juvenil tem surgido e se desenvolvido, oferecendo caminhos e recursos para uma atuação responsável e fidedigna aos princípios da Logoterapia, permitindo que traçássemos as recomendações práticas apresentadas anteriormente e nos próximos capítulos que se seguem.

Referências

Aspesi, C. de C.; Dessen, M. A.; & Chagas, J. F. (2005). A ciência do desenvolvimento humano: uma perspectiva interdisciplinar. Em M. A. Dessen & A. Costa Júnior (Orgs.) *A ciência do desenvolvimento humano*: tendências atuais e perspectivas futuras. Porto Alegre: Artmed.

Biaggio, A. M. B. (1988). *Psicologia do Desenvolvimento* (12a ed). Petrópolis, RJ: Vozes.

Bronfenbrenner, U. (2012). *Bioecologia do Desenvolvimento Humano*: tornando os seres humanos mais humanos. Porto Alegre: Artmed.

Dessen, M. A.; & Guedea, M. T. D. (2005). A ciência do desenvolvimento humano: ajustando o foco de análise. *Paidéia*, 15(30), 11-20.

Erikson, E.H. (1998). *O ciclo de vida completo*. Porto Alegre: Artmed.

Frankl, V. E. (1973). Psicoterapia e sentido da vida. São Paulo: Quadrante.

Frankl, V. E. (1978). Fundamentos antropológicos da Psicoterapia. Rio de Janeiro: Zahar Editores.

Frankl, V. E. (1989). Um sentido para a vida: Psicoterapia e humanismo. Aparecida, SP: Editora Santuário.

Frankl, V. E. (1990). Psicoterapia para todos: Uma Psicoterapia coletiva para contrapor-se á neurose coletiva. Petrópolis: Vozes.

Frankl, V. E. (1992a) A presença ignorada de Deus. São Leopoldo: Sinodal; Petrópolis: Vozes.

Frankl, V. E. (1992b) Psicoanalisis y existencialismo: de la Psicoterapia a la Logoterapia. México, D.F.: Fondo de Cultura Economica.

Frankl, V. E. (2008). *Em busca de sentido: um psicólogo no campo de concentração*. Petrópolis: Vozes.

Frankl, V. E. (2001) A vontade de sentido: fundamentos e aplicações da Logoterapia. São Paulo: Paulus.

Frankl, V. E. (2020). Psicoterapia e existencialismo: Textos selecionados em Logoterapia. São Paulo: É Realizações.

Griffa, M.C., & Moreno, J.E. (2008). *Chaves para a Psicologia do desenvolvimento, tomo 1*: vida pré-natal, etapas da infância (4a ed.). São Paulo: Paulinas.

Jobim e Souza, S. (1996). Ressignificando a Psicologia do desenvolvimento: uma contribuição crítica à pesquisa da infância. Em: S. Kramer & M. I. Leite (Orgs). *Infância: Fios e desafios da pesquisa*. (5a ed.) Campinas, SP: Papirus. pp. 39-55, 1996.

Lukas, E. (1989). A força desafiadora do espírito. São Paulo Edições Loyola.

Lukas, E. (1992). Assistência logoterapêutica: transição para uma Psicologia humanizada. Petrópolis: Vozes; São Leopoldo:Sinodal.

Lukas, E. (2005). Histórias que curam porque dão sentido à vida. Campinas, SP: Verus Editora.

Lukas, E. (2012). Psicoterapia em dignidade: orientação de vida baseada na busca de sentido de acordo com Viktor E. Frankl. Ribeirão Preto, SP: IECVF.

Martínez, C. S. *Orientando a la infância hacia el sentido: uma mirada desde la Logoterapia de Viktor Frankl*. Editorial Faros de Sentido. Bogotá, Colômbia, 2014.

Ozella, S. (2003) (Org.). *Adolescências Construídas*: A visão da Psicologia sócio-histórica. São Paulo: Cortez.

Papalia, D. E.; Olds, S. W. (2000). Desenvolvimento humano. Porto Alegre: Artmed.

Piaget, J. (2002). *Epistemologia genética*. 2 ed. São Paulo: Martins Fontes.

Rowling, J. K. (2000). Harry Potter e o Prisioneiro de Azkaban. Rio de Janeiro: Rocco.

Veer, R. van der; Valsiner, J. (2001)Vygotsky: uma síntese. São Paulo: Edições Loyola.

Vigotski, L. S. (2003). *A formação social da mente:* o desenvolvimento dos processos psicológicos superiores. 6 ed. São Paulo: Martins Fontes.

Vigotski, L. S. (2018). Sete aulas de L. S. Vigotski sobre os fundamentos da pedologia. Rio de Janeiro: Papers, 2018.

Wallon, H. (2007). *A evolução psicológica da criança.* São Paulo: Martins Fontes.

(Xausa, 2011). *A Psicologia do Sentido da Vida.* Campinas: Vide editorial.

Parte 2

A LOGOTERAPIA COM CRIANÇAS

CAPÍTULO 2
Logoterapia nos cuidados paliativos pediátricos: encontrando sentido apesar da brevidade da vida – *Virando estrelinha!*

Sarah Xavier Vasconcelos de Fialho Rodrigues

> "Lembre-se de mim. Embora eu tenha que dizer adeus.
> Lembre-se de mim. Não deixe que isso te faça chorar.
> Porque mesmo que eu esteja longe, eu te levo em meu coração".
> (Trecho do filme Viva – A vida é uma festa)

Este capítulo apresentará uma perspectiva de possibilidade de atuação da Logoterapia e Análise Existencial no trabalho com crianças em um contexto que, muitas vezes, é tido como doloroso e extremamente difícil para muitos profissionais: o adoecimento, a morte e o morrer na infância.

Nesse sentido, existe uma filosofia de cuidados voltada à qualidade de vida e ao controle de sintomas em situações de adoecimento crônico e potencialmente ameaçador da vida – os Cuidados Paliativos.

A perspectiva dos cuidados paliativos surge como uma área de cuidados voltada ao tratamento da dor e de outros problemas de ordem física e psicossocial, assim como também espiritual. Tal abordagem preconiza a qualidade de vida de pacientes e famílias que enfrentam problemas relacionados a doenças ameaçadoras de vida, enfocando a prevenção e alívio do sofrimento, por meio de identificação precoce, avaliação correta e tratamento da dor e outros problemas de ordem física, psicossocial e espiritual, configurando, assim, um processo que preza pela dignidade do ser até o momento de sua morte (Mccoughlan, 2004; OMS, 2002).

A definição dos Cuidados Paliativos da Organização Mundial de Saúde (OMS, 2002), em uma reformulação mais atual, aparece da seguinte forma:

> Cuidados paliativos é uma abordagem que aprimora a qualidade de vida dos pacientes e famílias que enfrentam problemas associados com doenças ameaçadoras de vida, através da prevenção e alívio do sofrimento, por meios de identificação precoce, avaliação correta e tratamento da dor e outros problemas de ordem física, psicossocial e espiritual. (OMS, 2002).

Diferente do entendimento do senso comum de que "paliativo" é algo precário, de improviso, sem efeito duradouro, a expressão desse termo como abordagem de cuidado tem sua origem etimológica na palavra do latim *pallium*, que significa "manta" ou "coberta". Nesse sentido, ainda que a causa de determinada doença não possa ser curada, os sintomas e consequências da cronicidade da doença podem ser sim "cobertos" ou protegidos por tratamentos específicos, por exemplo, por analgésicos. Nesse mesmo entendimento, o termo *palliare* também tem origem no latim, significando "proteger", "amparar", "cobrir, abrigar", ou seja, a prática de cuidar e não apenas curar surge amplamente, trazendo a essência da medicina como foco fundamental (Pessini, 2004).

A partir dessa perspectiva de cuidado que objetiva promover a qualidade de vida, alguns atributos são considerados no que se refere aos cuidados paliativos. A afirmação da vida e morte como processos naturais, a não abreviação ou retardamento do morrer, a busca do alívio da dor e de outros sintomas desconfortáveis, a consideração dos aspectos psicossociais e espirituais da história do paciente, o oferecimento de apoio e ajuda aos pacientes para viver tão ativamente o quanto possível, até que a morte inevitavelmente chegue, e a disponibilidade de um sistema de apoio familiar de suporte para lidarem com a situação durante o adoecimento e morte do familiar, assim como no processo do luto (Mccoughlan, 2004).

Paliar um paciente e sua família é um ato contínuo, que tem o compromisso de promover o bem-estar desses e permitir trabalhar o conceito de morte sem dor, com conforto, em paz, de maneira digna, sem tirar da pessoa qualquer outra possibilidade existencial.

Inicialmente, os cuidados paliativos tinham como prioridade os pacientes adultos com doença oncológica. No entanto, com o desenvolvimento da paliação e de seus princípios, define-se que ela deve ser voltada para todas as fases da vida que apresentem situações potencialmente ameaçadoras da vida ou de doenças crônicas. Tendo como um dos seus pilares o princípio da justiça, considerado um mínimo ético, compreende-se o dever de sempre reger as condutas médicas, havendo bom senso na priorização e indicação dos recursos terapêuticos em cada fase da vida e do processo de adoecimento, a indicação de cuidados paliativos, estendendo-se, inclusive, ao período neonatal e da infância (AAP, 2000).

Entretanto, segundo Barbosa, Lecussan e Oliveira (2008), no que se refere à paliação realizada no público adulto e idoso em paralelo ao público pediátrico, algumas diferenças podem ser destacadas. O número de crianças que vem a falecer em Cuidados Paliativos Pediátricos é baixo em relação ao Cuidado Paliativo em pacientes adultos. Além disso, os diagnósticos pediátricos geralmente são raros e ocorrem apenas na infância, entretanto algumas crianças podem sobreviver até a idade adulta. Outro fato peculiar é o de que o período da abordagem paliativa pediátrica é diferente da oferecida em adultos, podendo incluir dias, meses ou muitos anos. Em muitos casos de doenças infantis, existe na família mais de um filho afetado, o que faz com que a equipe necessite trabalhar na perspectiva do aconselhamento genético.

Os cuidados paliativos pediátricos geralmente envolvem toda a família, sendo os irmãos dos pacientes muitas vezes os mais vulneráveis. Além de que os pais experimentam situação de ambiguidade ao sofrerem pela dor antecipatória diante da provável perda e são, ao mesmo tempo, os cuidadores principais da criança.

No público infantil, as doenças ocorrem na fase da vida em que há grande desenvolvimento físico, emocional e cognitivo, o que torna essencial garantir a continuidade do processo educativo. Nesse sentido, é importante também estar atento no quanto a doença pode refletir na capacidade da criança de se expressar, comunicar-se e, até mesmo, compreender sua condição de saúde e a própria morte.

De acordo com Silva, Issi, Mota e Botene (2015), o cuidado paliativo pediátrico é definido como a "assistência ativa e total do corpo, espírito e mente da criança, além da atenção especial prestada à família, no período de luto". Além disso, Rodrigues, Bushatsky e Viaro (2015) também acrescentam que a paliação busca promover a humanização no momento final de vida, por meio de uma forma que proporcione o morrer com dignidade.

Nesse sentido, no contexto pediátrico, conforme Monteiro, Rodrigues, Pacheco e Pimenta (2014), o cuidar de uma criança em fase terminal não envolve apenas cuidados técnicos realizados no hospital, mas sim ações como o toque, o carinho, a escuta, estar sensível, a ajuda nas tarefas diárias, na sua alimentação, conversar com os familiares, deixar expressarem seus sentimentos, medos, dúvidas que lhe afligem, permitindo que enfrentem o seu processo. Desse modo, proporcionar uma boa qualidade de vida à criança é outro ponto importante, o que se pode dar de melhor de qualidade possível a ela e seus familiares, dando mais vida aos dias que ainda lhe restam, constituindo nos princípios fundamentais de cuidados paliativos, controlando e diminuindo os desconfortos causados pela dor multidimensional.

Alguns estudos relatam que os profissionais tentam proporcionar o melhor bem-estar para a criança no fim de sua vida, ao levar em consideração que não se é possível saber o momento exato de sua partida, a fim de proporcionar atenção plena até o momento que ela inevitavelmente chegue. Além disto, ressalta-se a importância de a criança receber alta hospitalar quando tem condições para aproveitar o máximo possível seu tempo, brincando com seus brinquedos, curtindo a família, amigos, ou seja, incentivar os pais a dar continuidade no âmbito domiciliar (Semtchuck, Genovesi & Santos, 2017).

É válido destacar que a criança que possui uma doença crônica estabelece um vínculo e uma familiaridade com o ambiente hospitalar devido às internações recorrentes e ao tempo de duração dessas. Com isso, os profissionais que atuam nos serviços desenvolvem vínculos e passam a conhecer particularidades tanto da família quanto da criança, aprendendo a identificar as suas necessidades para, assim, prestarem um cuidado com qualidade (Pedro e Funghetto, 2005).

Portanto, diante desse cenário de atuação e cuidado, é necessário pensar nas possibilidades interventivas que venham a contemplar as reais demandas que as crianças e suas famílias necessitam diante do processo de adoecimento e inevitável morte. Nesse acompanhamento, o trabalho psicológico torna-se crucial.

Assim, apoiando-se na perspectiva da abordagem psicológica da Logoterapia e Análise Existencial de Viktor Frankl e seu olhar às dimensões não só psicofísica, mas também à dimensão noológica, como a especificamente humana, apresento aqui a experiência de um acompanhamento realizado junto a uma criança em uma unidade de cuidados paliativos pediátricos. Por meio dessa experiência é possível abrir possibilidades reflexivas acerca dos espaços de possibilidades de cuidado logoterapêutico, ampliando a experiência e o escopo em que a Logoterapia pode se fazer útil e contribuir significativamente com um cuidado humano e sensível ao sofrimento.

A Estrelinha Susy: *"Queria conseguir ler e escrever, antes de virar estrelinha..."*.

Quando conheci Susy, nome fantasia para uma inesquecível e linda criança de cinco anos de idade, ela estava em uma enfermaria de cuidados paliativos infantis de um hospital de referência no atendimento oncológico infantil da cidade de Recife – PE.

Ao lado de Susy, sempre estavam seus pais com aparência um tanto quanto cansada, mas singularmente tímidos, carinhosos e receptivos a mim, uma profissional ainda estranha no serviço que já prestava assistência a eles no acompanhamento que Susy fazia há dois anos, desde que ela foi diagnosticada com rabdomiossarcoma (CID 10 M8900/3), um câncer específico da infância.

Aos poucos, fui me aproximando daquela família. A cada dia na enfermaria, encontrava quase sempre com todos juntos. Poucas vezes vi a Susy acompanhada só com a mãe ou só com o pai, sempre estavam os dois lá. Na minha primeira abordagem de atendimento à Susy e a seus pais, apresentei-me como a psicóloga residente, que estava ali para acompanhá-los e gostaria muito de saber como poderia ajudar durante aquele período de internação. Timidamente, os pais de Susy agradeceram, e ela, ainda quieta, apenas me olhava e observava, com certo estranhamento.

No quarto do hospital em que Susy estava, havia vários brinquedos. Com a intenção de iniciar uma maior aproximação de Susy, perguntei:

– Qual desses brinquedos você mais gosta?

Para minha surpresa, ela logo respondeu sem hesitar:

– Dos jogos.

Aproveitando a abertura, prossegui:

– E qual seu jogo favorito?

Ela ensaiou um ar de riso em seu rosto como quem queria aproveitar para jogar naquele momento e apontou para o jogo da Barbie. Tomei a liberdade de pegar o jogo e fui mais próxima ao encontro do leito em que Susy estava deitada:

– Você poderia tentar me ensinar a jogar?

Ela sorriu, tentou se sentar um pouco na cama, com certa dificuldade. Logo sua mãe se aproximou sorrindo, ajudou-a sentar-se junto comigo, enquanto ela dizia um pouco aborrecida:

– Eu sei jogar, só que tem umas partes que eu não consigo porque tem que ler.

Feliz pela abertura que me foi dada, respondi:

– Não tem problema, eu posso tentar ler para você. Vamos lá?

Ali, iniciamos um lindo início de um breve, porém inesquecível, encontro existencial de sentido.

Após essa primeira abordagem, eu, Susy e seus pais fomos construindo um vínculo terapêutico. A proposta terapêutica paliativa para Susy priorizava que ela permanecesse a maior parte do tempo no conforto de seu lar, inclusive, para que fosse mais dinâmico e confortável para que seus pais pudessem administrar melhor os cuidados dela e suas rotinas de vida. No entanto, Susy tinha internações recorrentes para administração de algumas medicações mais complexas e para melhor controle de dor e dispneia que ela sentia de forma mais intensa algumas vezes. A cada internação, ela passava de três a quatro dias no hospital. E eram nesses dias que eu a acompanhava.

A partir daquele nosso primeiro encontro, eu visitava e acompanhava Susy em todos os dias em que ela estava interna. Comecei, então, a compreender melhor como funcionava a dinâmica familiar, a história de vida e clínica de Susy e sua família até ali. Desde que Susy tinha recebido o diagnóstico do câncer, dois anos atrás, a dinâmica familiar mudou. A mãe de Susy deixou de trabalhar para acompanhar e cuidar exclusivamente da filha. O pai decidiu abrir um comércio bem próximo a sua casa, para que pudesse também estar mais próximo e ter mais tempo com a filha. Ambos eram jovens, Susy era filha única deles.

Em um dos atendimentos realizados, a mãe de Susy relatou:

> – Logo no início foi tudo muito duro e difícil para nós. Quando Susy tinha apenas três anos de idade, recebemos o diagnóstico do câncer. Desde lá, tudo mudou completamente. Hoje, a gente já conseguiu se adaptar melhor, a equipe nos ajudou muito também.

Passados dois anos eles já tinham se adaptado melhor à rotina de cuidado, embora ainda se angustiassem pelas dores e sofrimentos que vivenciavam pelo adoecimento de Susy, sentiam-se acolhidos pela equipe de profissionais que cuidavam dela.

Os pais referiram que se sentiam muito bem assistidos desde o momento do diagnóstico. Fazia seis meses que a equipe de cuidados paliativos, que acompanhava Susy desde o início, tinha conversado com eles sobre o prognóstico e o avançar da doença de Susy, abordando que, infelizmente, não viam mais possibilidades de reversão e cura do câncer, mas que ainda permaneceriam cuidando com todo afinco de Susy e deles, proporcionando todo o conforto e qualidade de vida que pudessem até que o curso da doença chegasse ao seu desfecho. Ao falarem sobre a consciência desse desfecho, os pais se emocionam bastante:

> – Queremos viver intensamente cada momento. Temos a consciência de tudo, é extremamente dolorido, mas saber de tudo isso nos faz viver buscando aproveitar ainda mais a companhia dela.

Em outro atendimento, os pais de Susy referiram que quando ela recebeu o diagnóstico já havia começado a ir para a escola, que, inclusive, gostava muito de ir, mas, pelo tratamento e sua fragilidade física, precisava frequentemente se ausentar das aulas. Essa era a maior queixa dela desde o início do tratamento, segundo sua mãe:

> – Ela sempre pedia para fazer tarefas, para ver os amiguinhos da escola, chorava com saudades da professora. A escola dela sempre foi uma grande parceira durante todo o tratamento. Sempre a diretora da escola ou a professora dela nos visitava, enviavam mensagens e vídeos dos coleguinhas, entregavam lembrancinhas das datas comemorativas, encontrando sempre uma forma para que Susy lembrasse e sentisse parte da escola, ainda que ela faltasse muito.

Nos momentos de maior irritação e exaustão emocional pelas dores e demais sintomas do adoecimento, Susy recorrentemente chorava referindo que queria voltar para a escola, que queria conseguir ler e escrever. Inclusive, nos momentos em que jogávamos seu jogo favorito, algumas vezes ela ficava arredia e suspendia a brincadeira, pois mesmo que eu pudesse ler para ela, ela reclamava que queria ler sozinha.

Ao passo que comecei a observar esse sofrimento de Susy, inquietei-me na busca de novas intervenções que pudessem trazer novas possibilidades para ela. Apresentei novos jogos, novas brincadeiras que, de início, sempre eram bem acolhidas por Susy, mas logo as queixas pela escola e pela leitura vinham à tona. Assim, em diálogo com a equipe multiprofissional, começamos a articular estratégias que pudessem vir a atender a essa demanda de Susy.

Desse modo, entrei em contato com um grupo de estudantes de Pedagogia que eram extensionistas no mesmo hospital, sendo que em outro setor. Repassei o caso de Susy para a equipe que, desde o início, recebeu muito bem a demanda e logo planejou uma estratégia de acompanhamento para a paciente. Sendo assim, as estudantes extensionistas de Pedagoga começaram a acompanhar Susy, enquanto ela estava internada. Pude acompanhar uma das intervenções pedagógicas com Susy, era visível o entusiasmo e empolgação dela na tentativa de desenvolver sua leitura e poder descobrir novas palavras daqueles tantos livros que a cercavam no leito. Pouco a pouco, a cada pequeno avanço ou descoberta, sua fragilidade ganhava um pouco mais de força para seguir os dias difíceis de adoecimento. Os pais de Susy sempre participavam ativamente das intervenções e reforçavam as orientações e atividades demandadas pela equipe, o que proporcionava ainda mais o envolvimento e alegria de aprender de Susy.

Diante dessa conquista de Susy, comecei a perceber o quanto a vontade de ler e aprender eram valores importantes para sua existência e para seus dias de vida, funcionando como fator de proteção e alívio perante as dores totais que o avanço da doença trazia para ela e para seus pais. Vê-la feliz com novas descobertas, compreendendo novas palavras, escrevendo frases, era extraordinário para sua breve, mas significante, existência. Susy havia finalmente encontrado o sentido pelo qual viveria intensamente e satisfeita seus dias. Nisso, podemos enxergar a vontade que nos faz reconhecer a capacidade transcendente de Susy e lhe torna especificamente humana, a vontade de sentido, que é inerente ao homem em sua existência, apontando ao fato de que o ser humano é um ser que busca, em última instância, constituir uma existência plena de sentido (Frankl, 1989).

Continuar a aprender a ler e escrever presentificava a continuidade da vida daquela criança, apesar de todas as suspensões que foram feitas pelo processo de adoecimento e tratamento. Abriam-se novas possibilidades de sentido para aquele momento de sua vida, permitindo que Susy pudesse deixar seu legado infantil muito mais significativo. Dei-me conta de que Susy desenvolver sua leitura e escrita não era simplesmente uma vontade ou capricho infantil, era uma forma de ela poder expressar tudo o que sentia e vivia e, muito além, era uma forma de Susy deixar "escrito" o que ela foi e viveu, mesmo que em um pequeno curso de vida. Assim, ela teria a certeza que sua história ficaria eternizada para ela, para seus pais, para mim e para a equipe que a assistia, para o mundo, assim como aqueles livros e jogos que ela tanto gostava que a cercassem em seu leito.

O legado da existência de Susy, assim como referia Frankl (2006), o monumento de sua existência, pôde ser deixado ao passo que ela compreendia que, na escrita e na leitura, as coisas se eternizam e, assim, sua vontade última, seu sentido último, seria poder ler e escrever, para que, desse modo, pudesse deixar no mundo sua história. O conforto e segurança que a realização desse sentido trazia para Susy a protegia e a tornava ainda mais viva diante dos condicionantes psicofísicos que o adoecimento lhe trazia. Aquela pequena garota pôde, apesar de tudo, tomar uma postura criativa e corajosa diante de sua finitude, fazendo com que sua breve vida fosse plena de sentido.

Conforme o tempo foi passando, infelizmente, os sintomas e agravamento do câncer de Susy foram agravando-se. Controlar suas dores e sintomas era cada vez mais desafiador para a equipe paliativa. No entanto, o encanto por já conseguir ler mais frases de seus jogos e escrever pequenas frases ainda permanecia. Além da intervenção da equipe pedagógica, a escola de Susy permanecia sempre buscando estar próxima dela. Até que começaram os preparativos para a festa do ABC em sua escola.

A coordenação da escola já havia falado com os pais de Susy a respeito da comemoração e se haveria a possibilidade de Susy participar da festa. No entanto, os pais tinham o receio se a filha realmente teria condições físicas de participar e, mais ainda, se Susy estaria viva até a data da festa, tendo em vista que sua condição psicofísica estava cada vez mais limitada.

Susy, sabendo da comemoração da festa do ABC, especulava como seria:

> – Queria meu vestido azul, igualzinho como tem no livro da Cinderela! Falava ela remetendo ao que tinha visto nas ilustrações em um dos livros que havia conseguido ler.

Os pais receosos de frustrarem a criança ao dizer que talvez ela não participasse, evitavam falar muito sobre o assunto, para não gerar expectativas que viessem a trazer ainda mais sofrimento para a filha.

Partindo da noção de que o adoecimento significa uma ameaça à vida, golpeando cada pessoa envolvida em sua totalidade biopsicossocial, mas, igualmente, nos aspectos espirituais, a assistência profissional necessita abranger todas as dimensões humanas: afetiva/emocional, psicossocial e espiritual do paciente e cuidadores, sejam eles familiares ou profissionais de saúde (Espíndula, Valle & Bello, 2010). Desse modo, um tanto quanto inquieta com a situação e conversando com a equipe de assistência, víamos como seria importante para Susy viver a conquista de sua festa do ABC. Articulamos com os pais dela e com sua escola se seria possível fazermos uma antecipação da festa do ABC, de modo mais simples, mas significativo e simbólico. Toda a equipe se mobilizou e a escola, também, comprometeu-se. Assim, foi preparado aquele momento tão sonhado pela criança.

A escola organizou uma celebração singela, apenas para a família de Susy, sua professora e alguns outros poucos funcionários da escola e colegas da turma. A escola era pequena, mas organizou de uma forma simbólica a celebração do ABC para que Susy pudesse sentir e viver aquele momento singular para ela. Estiveram presentes, também, algumas das estudantes de Pedagogia, que a acompanharam nos períodos de internação no hospital. Os pais de Susy compraram um anel de ABC para presenteá-la. A escola preparou um diploma. E Susy estava vestida com o vestido azul da cinderela que ela sonhou, costurado por sua avó materna.

Apesar de eu não estar presente no dia da pequena celebração do ABC de Susy, os seus pais me mostraram as fotos e vídeos na semana seguinte, pois Susy teve que voltar ao hospital por ter tido complicações respiratórias. Por intermédio das fotos e vídeos, foi possível enxergar a felicidade e gratidão de Susy, e de seus pais por vê-la vivendo um último sonho que desejou ser realizado, além disso a concretização da conquista da leitura e da escrita, para ela, foi o sentido que lhe ajudou a suportar e enfrentar todo o sofrimento de seu adoecimento e as limitações que ele lhe trazia.

Infelizmente, aquela internação de Susy no hospital foi a sua última. No entanto, ela partiu tranquila, confortável, junto a sua família. Enquanto equipe de assistência, podemos testemunhar que Susy nos deixou seu legado. Eu não diria que a existência de Susy foi breve, apesar de ter vivido apenas cinco anos de vida. Ela viveu plenamente, apesar dos seus condicionantes físicos, e pôde, então, ainda que limitada por sua enfermidade, realizar os últimos sentidos que a fizeram eternizar-se entre nós. Seu legado permaneceu no mundo, sua existência permanece viva entre todos aqueles que testemunharam sua vida e o que ela viveu.

Podemos aqui nos remeter ao que Lukas (1989) discute acerca da busca por um sentido como a principal força motivadora do ser humano, o que faz com que a vontade de sentido seja um conceito central da teoria de Frankl, sendo descrita como a tendência natural que o homem tem para buscar o sentido no mundo a partir da realização dos valores. Nesse sentido, ressaltamos como a realização de valores foi importante na condução e experiência do adoecimento, tratamento e processo de morte de Susy.

Por intermédio da experiência de cuidado integral e em equipe, nas relações com sua família e com os profissionais da assistência que a cuidaram, nos nossos momentos de atendimento, por meio das brincadeiras com os jogos, na aprendizagem da leitura e da escrita, e sua festa de formatura do ABC, em todos esses momentos, Susy pôde receber do mundo, experimento dos Valores Vivenciais. Na concretização de seu sonho de aprender ler e escrever, Susy também pôde deixar algo no mundo, construindo e eternizando sua história a partir de palavras e frases que, para ela, foram de grande valor.

Além de tudo isso, transcendendo aos seus condicionantes psicofísicos, Susy tomou uma postura perante o sofrimento do adoecimento. Ela ainda pôde sonhar em ler e escrever, sonhar com sua formatura do ABC e, ainda mais, ela pôde concretizar esses sentidos últimos de sua vida. Assim sendo, Susy também experimentou dos valores de atitude com sua resposta perante a vida. Apesar de toda dificuldade, Susy conseguiu deixar "escrita" sua história, que, ainda hoje, certamente, é "lida" por aqueles que puderam conhecê-la.

E posso ir além, a você que lê hoje essa história de Susy, pode também conhecer e ser iluminado por essa "estrelinha", como ela mesma se definiu antes de partir, ao referir que viraria uma estrelinha. A "estrelinha Susy" fez-se eterna entre nós e, ainda hoje, ilumina a vida de todos aqueles que possam ler sobre o lindo legado de sua história!

Referências

American Academy of Pediatrics. Committee on Bioethics and Committee on Hospital Care. Palliative care for children. Pediatrics. (2000);106(2 Pt 1):351-7.

Barbosa, S.M.M., Lecussan, P., Oliveira, F.F.T. (2008) Particularidades em Cuidados Paliativos: Pediatria. In: Oliveira RA, ed. Cuidado Paliativo. São Paulo: Conselho Regional de Medicina do Estado de São Paulo. p. 128-38.

Espíndula, J. A., Valle, E. R. M., & Bello, A. A. (2010). Religião e espiritualidade: um olhar de profissionais de saúde. Revista Latino-Americana de Enfermagem, 18(6).

Frankl, V. E. (2006) Em busca de sentido: um psicólogo no campo de concentração. Petrópolis: Vozes.

Frankl, V.E. (1989) Psicoterapia e sentido da vida (A. M. Castro, Trad.). São Paulo: Quadrante. (Original publicado em 1946).

Lukas, E. (1989) Logoterapia: a força desafiadora do espírito. (J. de Sá Porto, Trad.). São Paulo: Edições Loyola, Santos: Leopodianum Editora.

Mccoughlan, M.(2004) A necessidade de cuidados paliativos. In: Pessini, L; Bertachini, L. Humanização e Cuidados Paliativos. São Paulo: Edições Loyola.24(1):165-175.

Monteiro, A.C. M., Rodrigues, B. M. R. D., Pacheco, S. T. A., Pimenta, L. S. P. (2014) A atuação do enfermeiro junto à criança com câncer: cuidados paliativos. Rev enferm UERJ, Rio de Janeiro, p.778-788.

Pedro E.N.R., Funghetto, S.S. (2005) Concepções de cuidado para os cuidadores: um estudo com a criança hospitalizada com câncer. Rev Gaucha Enfermagem 26(2): 210-19.

Pessini, L. (2004) A filosofia dos cuidados paliativos: uma resposta diante da obstinação terapêutica. In: Pessini, L; Bertachini, L. (2004) Humanização e Cuidados Paliativos. São Paulo: Edições Loyola.

Rodrigues, J. R, Bushatsky, M, Viaro, W.D. (2015) Cuidados Paliativos em crianças com câncer: revisão integrativa. Rev Enferm UFPE online, Recife, p.718-730.

Semtchuck, A.L. D, Genoveri, F. F, Santos, J.L. (2017) Cuidados Paliativos em oncologia pediátrica: revisão integrativa. Revista Uruguaya de Enfermería, Montevideo, v.12, p.88- 101.

Silva, A. F., Issi, H. B., Motta, M.G.C., Botene, D. Z. A. (2015) Cuidados paliativos em oncologia pediátrica: percepções, saberes e práticas na perspectiva da equipe multiprofissional. Rev Gaúcha de Enferm, Porto Alegre, p.56-62.

World Health Organization (2002) National cancer control programmes: policies and managerial guidelines. 2rd ed. Geneve: OMS.

CAPÍTULO 3
Possibilidades de tratamento do Transtorno do Espectro do Autismo por meio do método DIR e da Logoterapia: um estudo de caso

Bruna Soares Pires

Desde o início do século XX, o Autismo vem despertando interesse entre pesquisadores e sociedade em geral, especialmente devido à sua "multiplicidade", ou seja, critérios diagnósticos específicos e conclusivos em indivíduos únicos e singulares, com diversas características individuais.

Muito já foi descoberto sobre o Autismo: seus sintomas, suas características e sua etiologia. Em decorrência dessas descobertas, muitas pesquisas têm sido feitas e muitos achados ainda estão sendo realizados – um dos quais, sobre a importância dos relacionamentos para a pessoa com Autismo. Essa descoberta foi revolucionária por trazer uma nova luz para o campo: a ideia de que os sujeitos com Autismo são seres que não precisam de afeto e que não conseguem ter uma postura livre e responsável diante de suas vidas "cai por terra", em prol de uma abordagem integradora, que leva em consideração as diversas características do sujeito, o seu modo de existir e, acima de tudo, a sua "humanidade", com seus déficits e possibilidades.

Neste capítulo, será apresentada uma possibilidade de tratamento da pessoa com Autismo por meio da Logoterapia e Análise Existencial e do Método DIR/Floortime. Espera-se, com isso, trazer luz para terapeutas que desejam um formato de acompanhamento para a pessoa com Autismo que leve em consideração todas as facetas da sua existência: as suas dimensões biológica e psicológica, mas também e, especialmente, a sua dimensão noológica.

Histórico e critérios diagnósticos do TEA

Os estudos sobre o autismo datam do início do século XX. O psiquiatra suíço Eugen Bleuler iniciou os estudos sobre o Autismo com a terminologia "esquizofrenia infantil". Foi ele quem usou pela primeira vez o termo Autismo – do grego *"autos"*, eu.

Na década de 1940, Leo Kanner dedicou-se ao estudo e pesquisa de crianças que "apresentavam comportamentos estranhos e peculiares, caracterizados por estereotipias" (Orrú, 2009, p.18). Em 1943, ele escreveu a obra "Alterações Autistas do Contato Afetivo", na qual descrevia o caso das onze crianças por ele estudadas e que apresentavam as seguintes características: 1. Distúrbio de desenvolvimento; 2. Incapacidade para estabelecer relações com as pessoas; 3. Um vasto conjunto de atrasos e alterações na aquisição e uso da linguagem; 4. Obsessão em manter o ambiente intacto; 5. Tendência a repetir uma sequência limitada de atividades ritualizadas; 6. Alheamento em que viviam, desde os primeiros anos de vida, como se o mundo não existisse; 7. Habilidades especiais e uma memória excepcional (Kanner, 1943).

Na mesma década, o médico vienense Hans Asperger descreveu os casos de diversas crianças atendidas na Clínica Pediátrica Universitária de Viena, que foram publicados sob o título de "A Psicopatia Autista na Infância" (1944). Contudo, em decorrência da Primeira e Segunda Guerras Mundiais, o trabalho de Hans Asperger só ficou conhecido em meados da década de 1980 (Belisário Filho & Cunha, 2010).

Até a década de 60, fortemente influenciados pela Psicanálise e buscando a gênese do Autismo, acreditava-se que ele estava relacionado à ausência de afeto dos pais pela criança. Nesse âmbito, as mães eram as que mais sofriam os estigmas da sociedade – sendo denominadas, em muitos espaços, como "mães geladeira" (Belisário Filho & Cunha, 2010, p.12), pois eram consideradas incapazes de fornecer afeto aos seus filhos.

As primeiras descrições sobre o Autismo trouxeram a noção de que qualquer contato social ou interferência no ambiente era penosa, o que acabou reforçando, por um lado, o isolamento desses sujeitos, e por outro lado, o hiperprotecionismo. As famílias foram as primeiras a perceber a importância do incentivo às práticas sociais e ao acompanhamento terapêutico. Isso foi essencial para que diversas mudanças no âmbito do Autismo começassem a acontecer, por exemplo, a classificação no DSM-III (1980). Nele, o Autismo, pela primeira vez, foi reconhecido e colocado em uma nova classe de transtornos: os Transtornos Invasivos do Desenvolvimento – TIDs, termo escolhido para refletir o fato de que múltiplas áreas de funcionamento do cérebro eram afetadas no Autismo e nas condições a ele relacionadas (Surian, 2010; Orrú, 2009).

No DSM-IV (2002), a definição dos critérios foi decidida com base em dados empíricos revelados em trabalhos de campo. A Síndrome de Asperger passa a ser reconhecida enquanto uma parte do espectro do Autismo, que passa, assim, a incluir tanto casos mais graves e que exigem maior necessidade de apoio, quanto os casos considerados mais leves, nos quais os indivíduos podem, inclusive, gozar de vida independente.

Em 2013, foi lançado o DSM-5 (2013), que trouxe algumas modificações importantes, como o fato de que os indivíduos são, agora, diagnosticados em um único espectro com diferentes níveis de gravidade, e que agora abriga todas as subcategorias da condição (Autismo clássico, Síndrome de Asperger, Autismo Atípico) em um único diagnóstico guarda-chuva denominado Transtorno do Espectro Autista – TEA.

Segundo o DSM-5 (2013), o Transtorno do Espectro Autista é caracterizado por prejuízos significativos em dois domínios: 1. Déficits persistentes em comunicação social e interações sociais em múltiplos contextos (a. Déficits na reciprocidade socioemocional; b. Déficits nos comportamentos comunicativos não verbais, usados para as interações sociais; c. Déficits em desenvolver, manter e entender relacionamentos); 2. Padrões de comportamento, interesses e atividades restritos e repetitivos (a. Movimentos motores, uso de objetos ou fala repetitivos ou estereotipados; b. Insistência em uniformidade, aderência inflexível a rotinas ou padrões ritualizados de comportamento verbal ou não verbal; c. Interesses altamente restritos e fixos, anormais em intensidade ou foco; d. Hiper ou hipossensibilidade à estimulação sensorial ou interesse incomum em aspectos sensoriais do ambiente). Essa mudança nos critérios diagnósticos foi fundamental, pois abriu margem para que estudos mais aprofundados fossem realizados, buscando dar maior qualidade de vida para as pessoas com TEA, assim como para seus pais, amigos, entre outros.

Métodos DIR/Floortime

O método DIR/Floortime, foi criado por volta da década de 1980, quando o psiquiatra Stanley I. Greenspan e a psicóloga Serena Wieder uniram os seus estudos iniciados na década de 60 sobre o desenvolvimento infantil.

Segundo Greenspan (1999), nos métodos já criados, faltava um elemento essencial: o afeto. Nas teorias do desenvolvimento então estudadas, como exemplo, a abordagem de Piaget, Greenspan observou que havia um foco grande em questões relacionadas ao cognitivo e ao social; contudo, a emoção, igualmente importante, acabava sendo relegada a segundo plano. Nesse sentido, fazia-se urgente dar foco às emoções dos sujeitos – tanto quanto aos processos cognitivos e biológicos. Nesse sentido, tentando inserir questões relacionadas ao desenvolvimento emocional e funcional dos sujeitos, Stanley Greenspan e Serena Wieder criaram o método DIR.

DIR é uma sigla que traz as três questões principais que norteiam a prática dentro do método, que serão descritos nos parágrafos que seguem. A primeira letra do DIR, o D, diz respeito ao Desenvolvimento Emocional e Funcional de cada sujeito. Buscando a compreensão de como se forma a personalidade dos sujeitos, Greenspan (1999; 2000; Greenspan, Greenspan, 1993; Greenspan, Wieder, 2006) elaborou os chamados níveis de desenvolvimento funcional e emocional, que abarcam desde os primeiros momentos da vida dos indivíduos até a idade adulta. Esses estágios foram elaborados a partir da observação e trabalho clínico com bebês e crianças (com ou sem algum tipo de diagnóstico), assim como de suas famílias. No entanto, é importante ressaltar que muitas situações podem ocasionar atrasos no desenvolvimento das crianças, como situações nas quais há abandono, maus tratos e/ou violência, ou ainda questões de ordem neurobiológica, como o Transtorno do Espectro do Autismo (Brazelton; Greenspan, 2002).

Os resultados dessas observações levaram à elaboração dos seis níveis de desenvolvimento emocional e funcional, que se encontram descritos na tabela abaixo (Greenspan & Greenspan, 1993; Greenspan, 1999; Greenspan, 2000; Greenspan, Wieder, 2006):

Quadro 1 – Níveis de desenvolvimento emocional e funcional

NÍVEL DE DESENVOLVIMENTO	CARACTERÍSTICAS	SINAIS DE ALERTA
Nível 1: Regulação e Interesse pelo Mundo	Este nível, observado em crianças de zero a três meses, está relacionado com a capacidade da criança de aprender a organizar as sensações experienciadas e as respostas fisiológicas dela originadas.	Crianças que apresentam atrasos neste nível, usualmente, não conseguem sustentar a atenção a sons e sinais diferentes, assim como se mantêm em comportamentos de auto estimulação – perdendo, assim, a possibilidade de exploração do mundo circundante.
Nível 2: Relacionamento e Engajamento	Este nível, observado em crianças de dois a cinco meses, está relacionado com a capacidade da criança de engajar e se envolver em relacionamentos.	Crianças que apresentam atrasos neste nível, usualmente, são classificadas como "difíceis de engajar" -apresentam dificuldades em atentar a pessoas, ficando, muitas vezes, ainda altamente focadas em objetos ou experiências sensoriais.
Nível 3: Círculos de Comunicação	Este nível, observado em crianças de três a dez meses, está relacionado com a capacidade da criança de se conectar a pelo menos uma outra pessoa, havendo troca voluntária de sinais e respostas com teor comunicativo e intencional.	Crianças que apresentam atrasos neste nível, usualmente, apresentam dificuldades, tanto em abrir, quanto em dar prosseguimento às iniciativas de comunicação. Além disso, apresentam dificuldade em comunicar as suas necessidades e desejos.

NÍVEL DE DESENVOL-VIMENTO	CARACTERÍSTICAS	SINAIS DE ALERTA
Nível 4: Comunicação Complexa e Resolução de Problemas	Este nível, observado em crianças entre nove e dezoito meses, está relacionado com a capacidade da criança de estabelecer comunicações em duas vias e usar essa nova habilidade para solucionar problemas.	Existem muitas razões que podem dificultar o acesso da criança a esse nível, entre os quais podemos citar problemas motores, deficiência visual ou auditiva, assim como a falta de estimulação adequada. Nesse sentido, segundo Greenspan & Wieder (2006), quando a criança não consegue expressar os seus sentimentos ou não recebe uma resposta (independente da razão para tal), ela acaba se tornando autoabsorvida.
Nível 5: Capacidade Representacional	Este nível, observado em crianças entre vinte e quatro e trinta meses, está relacionado com a capacidade da criança de lidar com ideias, símbolos e imagens. Ela começa a apreender que uma imagem pode substituir uma ação, assim como um símbolo pode substituir um comportamento.	As crianças que não alcançam esse nível, usualmente experimentam as suas emoções a partir do comportamento ou de reações fisiológicas – não conseguindo, desse modo, identificar e compreender as suas emoções.

NÍVEL DE DESENVOL-VIMENTO	CARACTERÍSTICAS	SINAIS DE ALERTA
Nível 6: Pensamento lógico e construção de pontes de ideias	Este nível, observado em crianças entre trinta e seis meses e quarenta e oito meses, está relacionado com a capacidade da criança de fazer pontes entre as suas ideias, seus pensamentos e os pensamentos das pessoas ao seu redor.	As pessoas que não alcançam esse nível, geralmente, apresentam padrões rígidos de comportamento decorrentes da dificuldade representacional. Observa-se uma dificuldade em compreender e acessar o outro, suas necessidades e seus anseios, mantendo-se em um padrão de inflexibilidade; desse modo, em vez de tentar chegar ao cerne emocional de um problema, o sujeito sempre tentará forçar o outro a agir de acordo com os seus gostos pessoais.

Fonte: Greenspan e Wieder (2006).

Além desses, existem mais outros três níveis (Nível 7: Múltiplas Perspectivas; Nível 8: Área Cinzenta do Pensamento; Nível 9: Padrão Interno de Si Mesmo), denominados níveis avançados do desenvolvimento, e são caracterizados por uma maior sofisticação e refinamento do pensamento e raciocínio. Apesar de importantes, o trabalho focado neles só pode se dá na medida em que os níveis básicos, isto é, do 1 ao 6, estejam sedimentados no desenvolvimento da criança.

A segunda letra do DIR, o I, diz respeito às diferenças individuais, que estão relacionadas aos padrões de planejamento motor, sequenciamento, linguagem, processamento visuo-espacial, além do processamento sensorial apresentados por cada criança – ambos essenciais para o desenvolvimento das capacidades cognitivas dos indivíduos (Greenspan; Wieder, 2006).

O sistema sensorial é o principal responsável por levar informações do ambiente para o cérebro e vice-versa. Atualmente, existem oito sentidos: visão, paladar, audição, olfato, tato, propriocepção, vestibular e interocepção. Cada indivíduo apresenta um jeito único de processar as informações advindas do meio no qual ele está inserido. Contudo, em algumas situações, como no caso do Autismo, esse sistema apresenta déficits no processamento dessas informações, o que pode ocasionar dificuldades na adaptação desse indivíduo ao meio social (Liddle & Yorke, 2007; Dunn, 2017).

Além dos padrões sensoriais, as capacidades de planejamento motor, sequenciamento, linguagem e processamento visuoespacial são de fundamental importância no desenvolvimento dos sujeitos – podendo ser observado, por exemplo, que muitos dos padrões repetitivos e estereotipados das crianças com TEA têm correlação com dificuldades associadas a esses constructos (Greenspan & Wieder, 2006).

Ter o conhecimento sobre a forma única de funcionamento de cada sujeito é importante não apenas para que se possa trabalhar nas dificuldades que ele venha a apresentar, mas também de modo a modular o ambiente, de modo que a criança, apesar de suas características, tenha maiores possibilidades de apreensão do mundo ao seu redor (Greenspan; Wieder, 2006).

A terceira letra do DIR, o "R", diz respeito aos relacionamentos que a criança constrói ao longo da sua vida. O cérebro humano, em seus primeiros anos, desenvolve-se mais rapidamente e de forma mais completa na medida em que a criança se encontra envolvida em interações e relacionamentos de qualidade. Esse desenvolvimento pode ser compreendido enquanto uma ampliação de diversas capacidades biológicas, mas também como a apreensão de noções emocionais, relacionais, de linguagem, entre outros – noções essas que só podem ser aprendidas no convívio com o outro, em um relacionamento de qualidade. Quando esses padrões de relacionamentos não são oferecidos à criança, além da não estimulação neuronal, observam-se também dificuldades relacionadas à autoestima, à compreensão de suas emoções e à construção de relacionamentos saudáveis com outrem (Brazelton & Greenspan, 2002; Greenspan & Wieder, 2006).

O Floortime é considerado a técnica principal do DIR, sendo descrito, inclusive, como o coração dele, dada a sua importância para o desenvolvimento dos indivíduos segundo o critério do DIR. Segundo Greenspan e Wieder (2006), existem dois objetivos principais no

Floortime: 1) Seguir a liderança da criança e aproveitar seus interesses naturais e 2) Trazer a criança para um mundo compartilhado.

Quadro 2 - Objetivos do FLOORTIME

OBJETIVOS PRINCIPAIS DO MÉTODO FLOORTIME	
1. Seguir a liderança da criança e aproveitar seus interesses naturais	Os interesses da criança são a janela para a sua vida emocional e intelectual; nesse sentido, é importante observar e perguntar para a criança e seus responsáveis do que ela gosta para, então, construir o projeto de intervenção baseado nisso.
2. Trazer a criança para um mundo compartilhado	Importância de respeitar a criança em sua individualidade, de modo que ela possa se sentir à vontade para compartilhar o seu mundo com o terapeuta e outras pessoas, bem como para conhecer mais sobre o mundo ao seu redor.

Fonte: Greenspan e Wieder (2006).

Um outro olhar sobre o Transtorno do Espectro do Autismo: correlações entre Logoterapia e Análise Existencial e Método DIR/Floortime

A escolha pelo método DIR/Floortime para trabalho com crianças com TEA não se deu ao acaso. Depois de uma ampla pesquisa sobre os métodos disponíveis para trabalho (entre os quais o método ABA (sigla em português para Análise do Comportamento Aplicada – um método amplamente utilizado para tratamento do Autismo), o método DIR foi o que mais se adequou à noção de homem e de mundo baseadas na Logoterapia e Análise Existencial – especialmente devido à forma como esse indivíduo é retratado no âmbito da Logoterapia.

Em primeiro lugar, é importante ressaltar a visão de homem da Logoterapia expressa por meio da ontologia e antropologia dimensional. Segundo Frankl (2011), o ser humano é composto por três camadas ou estratos: a biológica, a psicológica e a noológica. Tentando ir além do reducionismo, prevalecente na época, Frankl criou a Ontologia e

Antropologia Dimensional, que leva em consideração as diferenças ontológicas, assim como a unidade antropológica das referidas dimensões, e se funda em duas leis:

> • 1ª Lei: "Quando um mesmo fenômeno é projetado de sua dimensão particular em dimensões diferentes, mais baixas do que a sua própria, as figuras que aparecerão em cada plano serão contraditórias entre si" (Frankl, 2011, p.34).
>
> • 2ª Lei: "Quando diferentes fenômenos são projetados de suas dimensões particulares em uma dimensão diferente, mais baixa do que a sua própria, as figuras que aparecerão em cada plano serão ambíguas" (Frankl, 2011, p.35).

Nesse sentido, enquanto a pessoa com Autismo for observada apenas a partir das suas dimensões biológica e psicológica, ou seja, a partir das suas características sensoriais ou cognitivas, a unidade da pessoa com TEA se perde. É indispensável ver esse sujeito em sua totalidade, em sua unidade e, principalmente, em sua singularidade (Pires & Carvalho, 2014).

Segundo a Logoterapia, o ser humano é, acima de tudo, um ser livre, uma vez que a liberdade da vontade é indispensável ao ser humano. Segundo Frankl (1978; 2012), os condicionamentos e as pulsões, fortemente presentes na tradição psicológica, podem influenciar a dimensão psicofísica do homem, mas isso não se estende à dimensão noológica, uma vez que ela é incondicionada. Nesse sentido, Frankl (1978) afirma que o homem é condicionado, mas de forma nenhuma determinado, uma vez que ele sempre pode se posicionar perante o mundo no qual ele se encontra inserido (seja este social ou biológico). Nesse sentido, a liberdade do homem é essencialmente para algo, pois o homem não é livre de pulsões, condicionamentos, herança genética, mas é livre para escolher e se posicionar perante o mundo circundante.

No entanto, é importante, devido ao caráter de unicidade e irrepetibilidade do ser humano, entender que a liberdade se encontra associada à responsabilidade, uma vez que cada escolha – exercendo o caráter de liberdade da vontade – é permeada pela responsabilidade associada à ação ou à posição assumida. Desse modo, o ser humano não é apenas um ser livre, mas também um ser responsável.

Essa discussão sobre liberdade e responsabilidade é extremamente importante, pois, em muitas situações, o indivíduo com Autismo é privado de sua liberdade de escolha e de sua responsabilidade, em decorrência do seu quadro – caindo, novamente, em uma visão de homem reducionista, que percebe o indivíduo enquanto meramente condicionado. A utilização do método DIR/Floortime possibilita ao indivíduo o protagonismo em sua própria história, ao possibilitar que ele possa fazer escolhas e, além disso, responsabilizar-se por elas.

Outro elemento importante é a Vontade de Sentido (considerado, ao lado da Liberdade da Vontade e do Sentido da Vida, os três pilares que sustentam a Visão de Homem na Logoterapia). A vontade de sentido é inerente à existência humana. Ela consiste em uma percepção interior, que diz respeito a uma tendência para a realização do sentido, e em uma percepção exterior, que diz respeito ao caráter significativo da situação (Lukas, 1989). Mesmo se a orientação para o sentido for reduzida por alguma interferência na percepção exterior (como senilidade, doença, ou um transtorno do neurodesenvolvimento, como é o caso do Autismo), a percepção interior, a motivação primária, permanece preservada.

O terceiro pilar que sustenta a visão de homem na Logoterapia é a noção de Sentido da Vida. O Sentido da Vida diz respeito à expressão de que a vida tem um sentido, que é incondicional, não se perdendo de maneira nenhuma (Lukas, 1989). Segundo a Logoterapia e Análise Existencial, o ser humano vive a constante tensão entre o que é e o que pode vir a ser -o que abarca todas as possibilidades, incluindo aquelas que se incorporarão ao ser e aquelas que fluirão para o nada. Assim, o fluxo de tempo se orienta do possível ao real, sendo o real aquilo que é, aquilo que deixa de ser uma possibilidade para se tornar uma experiência vivida. Cada uma dessas experiências, guardada no tesouro do passado, foi marcada por uma escolha, uma escolha única feita em um momento único. Nesse caráter de algo único tem-se a noção de sentido, considerada a pedra angular sobre a qual se sustenta a visão de homem e de mundo da Logoterapia (Pereira, 2013).

Segundo Frankl (1989), o sentido diz respeito a uma resposta única – dentre inúmeras possibilidades – proferida em uma situação única, que é experienciada na concretude da existência única de cada indivíduo. O sentido é fundamental para a existência do ser humano, pois, por meio da realização do sentido, os indivíduos passam a compreender a sua existência como justificada – ou seja, como uma missão única, pessoal e inalienável (Fizzotti, 1996).

Frankl (2011) relata que, contrariando a teoria freudiana da homeostase, o homem precisa de uma quantidade de tensão para a manutenção do seu bem-estar – tensão essa evocada por um sentido a realizar. Assim, a realização de sentidos é importante para o ser humano devido ao seu caráter protetor: ele é responsável por manter o homem saudável, prolongando, em alguns casos, a sua vida.

É importante ressaltar que as noções de liberdade da vontade, vontade de sentido e sentido da vida não se encontram condicionadas a uma ou outra circunstância (tanto internas quanto externas), estando abertas às possibilidades existenciais de cada sujeito.

Para Frankl (1989), o ser humano encontra sentido na vida por intermédio da realização de valores. Nesse sentido, ele se refere a três categorias de valores: os valores de criação, que estão relacionados à descoberta de sentido no criar uma obra ou no completar uma ação; os Valores Vivenciais ou experienciais, que estão relacionados à experiência de algo ou no encontro com alguém; e, quando não há possibilidade de criação nem de experienciar algo que vem do mundo, há ainda a possibilidade de encontrar sentido a partir dos valores de atitude, ou atitudinais. Nesse caso, o que importa não é mudar a situação, quando ela não pode ser mudada, mas mudar a si mesmo, em favor de uma atitude afirmativa da vida (Pereira, 2008).

O homem, enquanto ser incondicionado, não é livre de suas contingências, mas é livre para posicionar-se diante delas; esse posicionar-se, segundo Frankl (2011), pode ser descrito de duas formas: 1. Autodistanciamento (Frankl, 2011), que diz respeito à capacidade humana de distanciar-se de qualquer condição, ou de si mesmo, escolhendo uma atitude, posicionando-se, e que pode ser encontrada nas formas de heroísmo e humor; 2. Autotranscedência, que diz respeito à capacidade de transcender a si mesmo tanto em direção a um outro ser, no amor, quanto em busca de um sentido, por meio do órgão do sentido, a consciência (Fizzoti, 1996; Frankl, 2011). O amor é a capacidade de transcender a si mesmo, indo apreender o outro em sua genuína singularidade; a consciência, por sua vez, é a capacidade de transcender a si, buscando apreender o sentido em uma situação singular.

Estudo de caso

Vitória[1] possuía seis anos quando os atendimentos foram iniciados. Na entrevista inicial, os pais relataram que com aproximadamente um ano de idade começaram a perceber que a Vitória era dispersa e se comunicava pouco, o que foi atribuído ao fato de que ela convivia apenas com adultos e interagia pouco com crianças. Inseriram-na, então, na escola. Além disso, perceberam que ela andava na ponta dos pés, colocava as mãos nos ouvidos diante de algum som/barulho, entre outros. Começaram a investigar e chegaram ao diagnóstico de TEA leve. No período em questão, os pais procuraram atendimento porque perceberam que a Vitória apresentava as seguintes questões: ansiedade, ingenuidade, impulsividade, além de "muita sinceridade" e dificuldade em lidar com frustrações. Apresentava estereotipia com as mãos, especialmente quando ansiosa. Ainda apresentava dependência para algumas atividades, como se vestir sozinha, por exemplo. Ela não apresentava dificuldades acadêmicas, sendo considerada, inclusive, como uma excelente aluna.

A avaliação foi feita, visando compreender em qual nível de desenvolvimento emocional e funcional ela se encontrava, assim como quais as diferenças individuais que ela apresentava na época, cujos resultados seguem abaixo:

Quadro 3 – Níveis de desenvolvimento – Paciente V.

NÍVEL DE DESENVOLVIMENTO	SITUAÇÃO	OBSERVAÇÕES
Nível 1: Regulação e Interesse pelo Mundo	EMERGINDO COM SUPORTE	Consegue se autorregular, atentando, assim, a situações do meio externo, como as brincadeiras realizadas pela terapeuta nas sessões, por exemplo. Contudo, foi observado também que há vulnerabilidade frente ao estresse.

[1] Nome fictício

NÍVEL DE DESENVOL- VIMENTO	SITUAÇÃO	OBSERVAÇÕES
Nível 2: Relacionamento e Engajamento	EMERGINDO COM SUPORTE	Foi observado que a Vitória consegue engajar e se relacionar com outras pessoas que não sejam os seus cuidadores principais, mas esse engajamento se dá apenas em relacionamentos 1:1 – por exemplo, em momentos em que eu e o responsável estávamos conversando, ela usualmente chamava a nossa atenção para que interagíssemos "com ela", não apenas entre nós.
Nível 3: Círculos de Comunicação	EMERGINDO COM SUPORTE	Observa-se bastante intencionalidade na comunicação da Vitória; contudo, ela apresenta dificuldades na modulação da resposta apresentada. Então, em momentos de muita empolgação, ela usualmente não consegue modular a sua resposta *a priori* – situações geralmente seguidas por um pedido de desculpas, afirmando que em alguns momentos ela faz coisas "sem pensar".
Nível 4: Comunicação Complexa e Resolução de Problemas	EMERGINDO COM SUPORTE	Vitória consegue manter um fluxo comunicativo, assim como já consegue, apesar de algumas dificuldades, orquestrar cadeias de interações mais complexas enquanto resolve problemas e mostra o que quer, por exemplo, para a construção das casinhas das bonecas. Contudo, foi observado que ela necessita de suporte no que diz respeito à resolução de problemas emocionais e motores.

NÍVEL DE DESENVOL-VIMENTO	SITUAÇÃO	OBSERVAÇÕES
Nível 5: Capacidade Representacional	EMERGINDO COM SUPORTE	Foi observado que a Vitória consegue engajar em uma brincadeira simbólica, porém, em alguns momentos, ela necessita reafirmar que é "só uma brincadeira", demonstrando insegurança e necessidade de separação do simbólico e do real, assim como tem dificuldades em elaborar outros elementos da brincadeira simbólica (como o fato de as bonecas morarem em uma casa aparentemente menor do que elas).
Nível 6: Pensamento lógico e construção de pontes de ideias	EMERGINDO COM SUPORTE	A Vitória já consegue fazer trocas simbólicas, inclusive respondendo a "porquês" em diversas situações. Contudo, observa-se que ela ainda possui dificuldades em observar o outro enquanto pessoa, assim como em compreender as razões do outro, suas características e emoções – o que é fundamental para uma vida com pares.

Fonte: Registro da autora, por meio de prontuário clínico.

Além das características elencadas no Quadro acima, que dizem respeito aos Níveis de Desenvolvimento Emocional e Funcional, foi observado também que a Vitória possui um perfil de "hipersensibilidade sensorial". Essas características precisam ser inseridas no planejamento das sessões da pessoa com TEA, uma vez que expressam a sua forma única de existir – uma vez que o ser humano é formado por uma unidade composta por uma parcela biológica, uma psicológica e uma noológica (Frankl, 1978; 2012).

Desse modo, seguindo os níveis de desenvolvimento e as características sensoriais, além dos interesses da criança (ela gostava bastante de brinquedos pequenos e brincadeiras do tipo casinha), as sessões foram desenhadas da seguinte forma:

Iluminação da sala mais fraca, todas as pessoas sentadas (evitando movimentações mais bruscas para que a Vitória não ficasse hiperestimulada) e evitando elevações no tom da voz, respeitando as questões de ordem sensorial/biológica;

Trabalhar funções psicológicas, como funções executivas (entre as quais ideação, planejamento, flexibilização, memória de trabalho, habilidades sociais) e a linguagem (tanto verbal quanto não verbal), relacionadas à dimensão psicológica;

Respeitar seu modo único de existir, permitindo que ela escolhesse o que fazer na sessão (e me adaptando a ele, seguindo o Floortime), e auxiliando-a a lidar com as responsabilidades referentes às suas escolhas, além de auxiliá-la a refletir diante das suas escolhas – relacionadas à dimensão noológica.

Assim, em um primeiro momento, foi observado que a Vitória apresentava bastante dificuldade na escolha das atividades a serem realizadas, assim como na evolução delas, mantendo-se, em muitas sessões, em uma mesma situação específica: uma festinha de aniversário. Nesse sentido, eram colocados desafios, dentro da própria brincadeira, na festinha de aniversário ("nossa, que legal. Mas já é noite. Vamos ao shopping passear?"/ "a festinha está legal, mas preciso voltar ao meu restaurante. Vamos juntas?") – levando em consideração as funções de ordem psicológica, como a necessidade apresentada pela Vitória de flexibilidade cognitiva, assim como trabalhar questões relativas à linguagem e a habilidades sociais, fazendo provocações à sua dimensão noológica, auxiliando-a a vislumbrar um campo de possibilidades, que, em decorrência da inflexibilidade apresentada, eram muitas vezes deixadas de lado.

Aos poucos, Vitória começou a assumir o seu lugar enquanto protagonista das sessões. Era-lhe perguntada a sua opinião sobre diversos aspectos no arranjo da sessão, por exemplo: qual a roupa que a boneca deveria vestir? Qual alimento ela comeria? Com qual cor a parede da casa que estávamos construindo deveria ser pintada? Entre outros. Além disso, ela era solicitada a realizar atividades de forma independente dos adultos presentes na sessão – por exemplo, construímos uma vila de casas utilizando caixas de sapato, e cada pessoa presente na sessão foi convidada a fazer uma das casinhas de acordo com a sua criatividade, sem padrões pré-estabelecidos, utilizando as cores, materiais e formato que achassem convenientes. É importante ressaltar que, nessa sessão, havia muitos estímulos (tintas, papéis de diversas cores, vários tipos de pincel, vários formatos de caixas), o que poderia ter deixado Vitória hiperestimulada; contudo, havia também um sentido: o de construir uma vila de casinhas, de acordo com a nossa vontade, de modo que "as bonecas tivessem onde morar".

Essa atividade tinha como objetivo trabalhar a práxis (ou seja, o processo de ideação, planejamento, execução e reorganização, caso o plano original não desse certo), que era uma das dificuldades apresentadas por Vitória. Também tinha como objetivo auxiliá-la a compreender que, mesmo diante de diversas contingências de ordem psicofísica, ela, ainda, pode posicionar-se em busca de um sentido.

Após sete meses de intervenção utilizando a Logoterapia e Análise Existencial e o método DIR/Floortime, foi possível observar que a Vitória conseguia autorregular-se de forma muito mais autônoma, buscando elementos que a auxiliassem nesse processo; conseguia lidar, com o suporte das pessoas de referência para ela, com as frustrações advindas do meio externo; conseguia compreender as nuances da linguagem, como ironia e sarcasmo, e iniciava o processo de compreensão da linguagem não-verbal; assim como foi observado um aumento na capacidade de posicionamento e protagonismo por parte de Vitória. Ela começou a se portar de forma livre e responsável, compreendendo a sua importância no processo de escolha, mas também a sua responsabilidade implicada nisso – posicionando-se de forma responsiva diante das situações (especialmente as não-planejadas) que aconteciam em sua vida.

Conclusão

A partir dos dados apresentados, buscou-se refletir acerca de outras possibilidades para o tratamento de pessoas com Autismo, em especial, que considerem a sua singularidade e a sua totalidade. Considera-se que a Logoterapia e Análise Existencial, atrelada ao método DIR/Floortime, pode ser utilizada nesse sentido: a Logoterapia enquanto um referencial para estudos sobre a pessoa com Autismo, por ressaltar o caráter de unicidade, totalidade e singularidade desses indivíduos, além de lançar luz também sobre a responsabilidade e liberdade que são inerentes ao ser humano; e o DIR/Floortime enquanto um método de trabalho com as pessoas com TEA, que leva em consideração o nível de desenvolvimento emocional e funcional em que a pessoa se encontra, assim como as diferenças individuais que ela apresenta, e os relacionamentos construídos (e a construir) pelo sujeito. Diante do exposto, espero que, com este capítulo, outras possibilidades de sentido possam ser vislumbradas por profissionais da área da Psicologia, que trabalham na área do Autismo.

Referências

American Psychiatric Association (2013). *Diagnostic and Statistical Manual of Mental Disorders, Fifth Edition: DSM-V.* Arlington, VA, American Psychiatric Association.

Associação Psiquiátrica Americana (2002). *Manual Diagnóstico e Estatístico de Transtornos Mentais: DSM-IV-TR.* Trad. Cláudia Dornelles. 4 ed. rev. Porto Alegre: Artmed.

American Psychiatric Association. (1980). *Diagnostic and Statistical Manual of Mental Disorders: DSM-III.* Arlington, VA: American Psychiatric Association.

Belisário Filho, J. F.; Cunha, P. (2010). *Transtornos Globais do Desenvolvimento.* A Educação Especial na Perspectiva da Inclusão Escolar. Brasília, 9 (9), p. 8-16.

Brazelton, T. B.; Greenspan, S. I. (2002) *As Necessidades Essenciais das Crianças:* o que toda criança precisa para crescer, aprender e se desenvolver. Porto Alegre: Artmed.

Dunn, W. (2017) *Vivendo sensorialmente*: entendendo seus sentidos. São Paulo: Pearson Clinical Brasil.

Fizzotti, E. (1996). *Conquista da liberdade*: Proposta da Logoterapia de Viktor Frankl. São Paulo: Paulinas.

Frankl, V.E. (1978). *Fundamentos antropológicos da Psicoterapia.* Rio de Janeiro: Zahar Editores.

Frankl, V.E. (1989). *Um sentido para a vida*: Psicoterapia e humanismo. São Paulo: Santuário.

Frankl, V.E. (2010). *A presença ignorada de Deus* (12a ed.). São Leopoldo: Sinodal; Petrópolis, RJ: Vozes.

Frankl, V.E. (2011). *A vontade de sentido*: fundamentos e aplicações da Logoterapia. São Paulo: Paulus.

Frankl, V.E. (2012). *Logoterapia e análise existencial*: textos de seis décadas. Rio de Janeiro: Forense Universitária.

Greenspan, S.I.; Greenspan, N.T. (1993) *Entrevista Clínica com Crianças*. Porto Alegre: Artes Médicas.

Greenspan, S.I. (1999). *A Evolução da Mente*: as origens da inteligência e as novas ameaças a seu desenvolvimento. Rio de Janeiro: Record.

Greenspan, S.I. (2000). *Filhos Emocionalmente Saudáveis, Íntegros, Felizes, Inteligentes*. Rio de Janeiro: Campus.

Greenspan, S.I; Wieder, S. (2006). *Engaging Autism*: using the floortime approach to help children relate, communicate, and think. Philadelphia: Da Capo Press.

Kanner, L. (1943). *Distúrbios Autísticos do Contato Afetivo*. In: Rocha, P. S. (Org). (1997). Autismo. São Paulo: Editora Escuta; Recife (PE): Centro de Pesquisa em Psicanálise e Linguagem.

Liddle, T.L.; Yorke, L. (2007). *Coordenação motora*. Adriana Della Zuana (revisão técnica). São Paulo: M. Books.

Lukas, E. (1989). Logoterapia: a força desafiadora do espírito. Métodos de Logoterapia. Santos, SP: Leopoldianum, Loyola.

Orrú, S. E. (2009). *Autismo, linguagem e educação*: interação social no cotidiano escolar. Rio de Janeiro: Wak Ed.

Pereira, I. S. (2008). Mundo e sentido na obra de Viktor Frankl. Psico, 39 (2), 159-165.

Pereira, I. S. (2013). A Ética do sentido da vida: fundamentos filosóficos da Logoterapia. São Paulo: Ideias e Letras.

Pires, B. S; Carvalho, T. O. (2014). *A pessoa com autismo: o caso Temple Grandin sob a ótica da Logoterapia* e análise existencial. Revista: Logos e Existência. vol. 3, n.1. p.57-72.

CAPÍTULO 4

A biblioterapia e a autoescrita como proposta de trabalho com crianças de pais separados sob a ótica da Logoterapia e da Análise Existencial

Marília Francisco de Queiroz

Para discorrer sobre a temática das crianças de pais separados, é de suma importância trazer alguns dados estatísticos a fim de elucidar a relevância da proposta que será apresentada neste capítulo.

De acordo com os números do Instituto Brasileiro de Geografia e Estatística – IBGE, em 2018, foram registrados 1.053.467 casamentos civis contra 1.070.376 no ano de 2017, uma redução de 1,6%; já o número de divórcios aumentou entre 2017 e 2018, de 373.216 para 385.246. A pesquisa ainda aponta redução na duração dos casamentos: em 2008, os casamentos duravam, em média, 17 anos, passando então para 14 anos, em 2018. Os homens divorciam-se com 43 anos de idade em média, enquanto as mulheres com 40 anos. Das dissoluções, 46,6% ocorreram somente em famílias com filhos menores de idade.

A partir dos dados evidenciados acima, faz-se necessário um olhar atento aos casos em que as crianças são negligenciadas no momento da briga judicial pela guarda ou pensão alimentícia. Cano *et al.* (2009) realizaram uma revisão bibliográfica em que analisam diferentes cenários de divórcio. Ficaram muito evidentes a dificuldade de comunicação entre os pais e os sintomas que as crianças apresentam nesses casos, na maioria das vezes, como sentimento de perda, queixas escolares e fantasias de ter a família novamente reunida. Elisabeth Lukas afirma que "nem sempre a solução do problema está em conhecer suas causas, às vezes é melhor aceitar certos fatos sem questioná-los e tentar fazer o melhor deles" (Lukas, 1990, p. 29). A mesma autora também salienta a importância do diálogo que objetiva um bem comum, não somente que tenha um olhar para os seus próprios interesses. Esse é um desafio grande para pais que estão enfrentando um divórcio, ou seja, ter a capacidade de olhar além dos problemas, para um bem comum: os filhos.

Existem, atualmente, inúmeros livros infantis que apresentam propostas terapêuticas e, inclusive, tratam a temática do divórcio. No entanto, é preciso considerar que cada criança vivencia a sua história de maneira particular, e isso nem sempre a leva a se identificar com o que ali é contado. Além da identificação, a biblioterapia e o "contar histórias" podem ter diversos outros benefícios. Em Psicoterapia, a escrita facilita o processo de identificação das angústias da criança e das lacunas formadas nesse período, tornando-se, assim, mais clara, fluida e assertiva a sua comunicação com os pais.

Portanto, a proposta trazida aqui é de elucidar a importância não somente da leitura como também da escrita no processo terapêutico. Elizabeth Lukas (2016) fala sobre o "poder curativo da leitura", que tem o seu encanto justamente por não se prever os seus efeitos e, diferentemente de um medicamento, não poder ser prescrita, pois o indivíduo precisa estar aberto à mensagem que o texto deseja transmitir. Da mesma forma, a escolha e o sentido de cada leitura são subjetivos, ou seja, nem sempre o mesmo texto serve para diferentes pessoas. Gusmão e Sousa (2020) salientam a importância da leitura como recurso terapêutico, utilizada como tratamento alternativo e complementar a fim de contribuir de maneira positiva no tratamento de pessoas com diagnóstico emocional.

Pintos (2013) coloca que Viktor Frankl insistiu na reflexão sobre o valor do livro como recurso terapêutico que assenta as bases de uma verdadeira biblioterapia, com uma ação de "Logoterapia em contos". Segundo Pintos (1996; 2013), o livro como recurso terapêutico, na forma de prosa ou poesia, não esgota a projeção do maravilhoso material que pode ser usado a esse respeito. Viktor Frankl (1990) considera que a possibilidade de utilizar o livro para fins terapêuticos vai muito além do patológico. Assim, por exemplo, nas crises existenciais –das quais ninguém fica livre –, o livro costuma ter efeitos prodigiosos. Um livro adequado, lido no momento certo, salvou muitas pessoas do suicídio.

Frankl ainda afirma que o livro não tem a intenção de substituir os profissionais, mas sim pode atuar como ótimo recurso para desvendar alguns sentimentos mais difíceis de trazer à tona.

Daniele Bruzzone, em seu trabalho apresentado no 3º Congresso Internacional de Logoterapia e Análise Existencial, realizado na cidade de Viena, em 2016, ressalta que a autoescrita pode representar um poderoso recurso terapêutico e uma subestimada oportunidade para facilitar o autoconhecimento e para inspirar uma mudança existencial.

É importante destacar que a Logoterapia, enquanto psicoterapia centrada no sentido, quando aplicada em crianças permite ampliar a percepção de valores, aumentar os processos de autoconsciência, favorecer o processo de autoconfiguração e autodeterminação com liberdade e responsabilidade de sua personalidade. (Martínez, 2019).

Nesta perspectiva, o caso descrito a seguir foi atendido pela autora, em consultório particular na cidade de São Paulo, sob o enfoque da Logoterapia e da Análise Existencial. O nome utilizado é fictício, a fim de preservar a identidade da paciente. Para essa técnica, é importante que a criança tenha desenvolvido a habilidade da leitura e da escrita, porém não é imprescindível, visto que a facilitadora pode escrever a história enquanto a paciente a dita. Também, é possível ler o material para as crianças que não conseguem sozinhas.

Descrição da demanda

A mãe de Luiza buscou a terapia para a filha de seis anos em razão da sua separação e da dificuldade que a criança possuía em pernoitar na casa do pai durante as visitas. Os pais viviam na cidade do Rio de Janeiro, na casa da avó paterna de Luiza, com os seus outros filhos (a mais nova de três anos e o mais velho de 14). Após a separação, a mãe recebeu uma proposta de trabalho em São Paulo e mudou-se com os três filhos. As visitas que, no início, eram quinzenais, passaram a ser mensais devido à dificuldade do pai em viajar com frequência.

O pai mostrou-se bastante empenhado no tratamento de Luiza e manteve contato frequente com a profissional, atento à evolução do acompanhamento psicológico.

A mãe relatou que Luiza vinha apresentando muitas questões relacionadas à insegurança. A escola também já havia notado esse comportamento, pois, em uma reunião, apontaram que ela se apegara a apenas uma amiga e, quando essa a ignorava ou faltava, Luiza chorava a aula toda, sempre se diminuía perante os colegas e o seu discurso era sempre o mesmo: achava-se feia e sentia que ninguém queria ser sua amiga. Passou a não querer mais ir para a escola ou, então, quando ia, pedia para sair mais cedo.

Em virtude da separação dos pais e da mudança de cidade, o contato físico paterno tornou-se cada vez mais precário e fez com que ela se sentisse insegura em relação a ele. Dessa maneira, Luiza não queria mais pernoitar na casa do pai nos momentos das visitas mensais e, quando o fim de semana da visita estava próximo, apresentava episódios de vômito e gastroenterocolite. A menina solicitava a ajuda da mãe pedindo para que esta intercedesse por ela e afirmasse que não poderia ir. A irmã mais nova era proibida de pernoitar na casa do pai por ser muito nova, a visita durante o dia era permitida apenas com a presença da babá; já o irmão apresentava bom relacionamento com o pai e não teve esse tipo de problema. A mãe, ao perceber o sofrimento da filha, proibiu o pernoite, e o pai compreendeu tal atitude como um ato de privá-lo do contato com Luiza.

Diante dos fatos, a relação entre os pais ficou cada vez pior e ambos não conseguiam estabelecer uma comunicação saudável, apontavam sempre os erros um do outro e acusavam-se mutuamente. Sendo assim, para as crianças – e principalmente para Luiza –, a visita do pai tornou-se muito mais aversiva, uma vez que era sempre repleta de discussões. Nota-se, então, que a falta de comunicação entre ambos fez com que a insegurança e o medo ficassem mais latentes.

Nas crises de relacionamento, muitas vezes, ocorre uma ruptura na comunicação verbal e ela torna-se perturbada. Os pais não dialogam mais de modo "normal", o que não precisa necessariamente significar que se falam aos gritos ou proferem palavrões, mas as respostas são dadas com antecedentes negativos. Nada mais é aceito de maneira natural e ingênua, conforme foi dito. Nada permanece no espaço tal como foi colocado. Muito pelo contrário, as declarações proferidas estão repletas de significados com conotação negativa vivida em relação ao outro. Como medida imediata e capaz de promover uma melhora, cada um deve se relacionar com o interlocutor como se não existisse um passado comum, com fatos desagradáveis que atuam ainda no presente. A renúncia é um ato autotranscendente, especialmente quando ocorre "por amor ao outro". Assim, é possível introduzir esse conceito nas relações intrafamiliares e fortalecer a capacidade de autotranscendência e de amar dos envolvidos (Lukas, 1994/2012).

Em um apartamento de dois quartos, moram Luiza, a sua mãe, os dois irmãos, a avó e a babá que trabalha com eles desde quando viviam no Rio. Diante de tal situação, algumas orientações foram passadas aos pais em atendimentos separados: ao pai, orientou-se que ele deveria respeitar a decisão da menina nesse momento em que se encontrava mais fragilizada – foi demonstrado quão insegura estava com as visitas pouco frequentes do pai, as quais, quando ocorriam, eram sempre acompanhadas de discussões que se tornavam, consequentemente, aversivas a ela. Foi orientado também que ele promovesse segurança à filha quando estivessem juntos, acolhendo os seus medos e oferecendo proteção. O pai compreendeu a situação e passou a não obrigar a criança a pernoitar, proporcionando um dia de visita agradável a ela. Além disso, mostrou-se bastante empenhado no tratamento de Luiza e manteve contato frequente com a profissional, atento à evolução do acompanhamento psicológico.

À mãe, as orientações foram no sentido de facilitar o processo de identidade da criança – visto que Luiza dormia no mesmo quarto que a irmã, a avó e a babá e não se sentia pertencente ao ambiente –, além de transmitir segurança para ela no momento da visita ao pai, pois Luiza relatava diversas vezes que a mãe ficaria sozinha, triste, sem os filhos. A mãe também atendeu às orientações e fez algumas mudanças no quarto e no apartamento, essas mudanças transmitiram a Luiza e à irmã uma maior identificação com a casa e com a cidade. Ademais, ela mudou a sua conduta com a filha nas visitações paternas.

Em terapia, Luiza criou vínculo com facilidade e, nas suas relações, exigia exclusividade. Sentia-se incomodada ao ver outra criança saindo da sala ou entrando após a sua consulta. Desde o início da terapia, os pais afirmam que Luiza evoluiu bastante, já tem conseguido expressar o que sente em relação à separação dos pais e a todas as fantasias que foi criando ao longo do tempo. Após o estabelecimento do vínculo, foi proposta a leitura de um livro cujo tema aborda a separação dos pais e com o qual Luiza não se identificou completamente; no entanto, o livro foi o disparador para que começasse a dialogar sobre o divórcio. Relatou que não se identificava com os personagens do livro, pois eram "duendes" e não pessoas reais, além do fato de a sua história ser diferente daquela contada. Assim, foi sugerido a ela que escrevesse um livro baseado em uma história real, em sentimentos reais diante de todo o turbilhão experimentado nesse período. Essa técnica permitiu que Luiza saísse da posição frágil em que se encontrava para se fortalecer. O título que estabeleceu para o livro foi "Problema entre pais" e, na capa, pediu à terapeuta que desenhasse enquanto escrevia a história, pois afirmava não saber desenhar. Depois de alguma insistência, aceitou fazer o desenho da capa: dois corações. Em relação a eles, afirmou que um era triste e o outro feliz, isto é, um antes da separação e o outro depois, conforme ilustração abaixo:

Figura 1 - Coração triste e coração feliz

Fonte: Registro da autora a partir do desenho da paciente.

Ela se sentiu importante e valorizada e aceitou, de imediato, continuar com essa proposta de intervenção. Desde então, conseguiu se manifestar bastante e mostrar o seu ponto de vista sobre a separação, além de elaborar algumas questões mal resolvidas. Por meio da escrita e do desenho, conseguiu perceber que a esposa do pai não a excluía, mas sim o contrário. Portanto, a partir daquele momento, começou a ser mais participativa quando estava com a família do pai.

Figura 2 - A madrasta sentada na cama sem se importar com a tristeza dela.

Fonte: Registro da autora a partir do desenho da paciente.

Ao fim da sua história, fez a seguinte proposta: "E se eu deixasse um espaço aqui para outras crianças também escreverem suas histórias *[sic]*"? Com essa ideia, Luiza, sem saber sobre Logoterapia, trabalhou a autotranscendência, que, segundo Viktor Frankl (1946/2008), consiste em apontar e se dirigir para algo ou alguém diferente de si mesmo, seja um sentido a realizar ou outro ser humano a encontrar. Ainda em relação a esse conceito, Frankl afirma:

> O ser humano só se torna realmente humano e é totalmente ele mesmo onde ele se entrega na dedicação a uma tarefa, no serviço a uma causa ou no amor a outra pessoa, deixando de se enxergar e esquecendo-se de si (Frankl, 1998/2016; p.16).

Com base nessa conceituação, observa-se que Luiza conseguiu sair do seu problema e da sua questão para pensar nas outras crianças que também passam pela mesma situação e, assim, encontrar uma forma de poder ajudá-las. Outra criança com idade semelhante a dela mobilizou-se e optou por relatar a sua versão também, sendo que, em um ano de terapia, ainda não havia conseguido se expressar. Ambas encontraram pontos em comum nas histórias e perceberam que não são as únicas a vivenciar tais fatos.

O livro ainda pôde auxiliar algumas outras crianças que optaram por não escrever as suas histórias, mas, quando souberam que se tratava de uma história real, conseguiram ter mais identificação e dialogar sobre o tema com mais facilidade. Observa-se que, para crianças com pais separados, é importante a identificação com outras, uma vez que se sentem envergonhadas na escola perante os amigos e acreditam que a sua situação é única.

Seis meses após a escrita do livro, Luiza resolveu escrever outro, denominado "Luiza: novos pensamentos", nele, conta a sua mudança de atitude. Atualmente, pernoita na casa do pai e é capaz de passar as férias com ele no Rio de Janeiro. A relação com a atual esposa dele é boa, assim como com a irmãzinha do segundo casamento do pai. Na escola, não houve mais queixas e a sua autoestima vem melhorando significativamente. Quando há discussão entre os pais, consegue não se envolver e compreender que essa é uma questão para ser resolvida entre adultos.

Em conclusão, de acordo com a história acima relatada, é possível constatar quão benéficas foram, para Luiza, a leitura de um livro relacionado à sua questão e a escrita do seu próprio livro, bem como para as outras crianças, o que confirma as crenças dos autores citados no início desse capítulo sobre biblioterapia e autoescrita. Além disso, para a paciente, o fato de ter auxiliado mais pessoas com a sua história a fez sentir-se importante, motivada, e ainda permitiu que saísse da posição de menos-valia e insegurança, encontrando sentido na sua escrita e permitindo que outras crianças o descobrissem também.

Referências

Bruzzone, D. (2016) Abstracts del 3.º Congreso Internacional de Logoterapia y Análisis Existencial. Viena, septiembre.

Cano, D. S., Gabarra, L. M., Moré, C. O. e Crepaldi, M. (2009). As Transições Familiares do Divórcio ao Recasamento no Contexto Brasileiro. Psicologia: Reflexão e Crítica, 22(2), 214-222.

Frankl, V. E. (1990) La Psicoterapia al alcance de todos. Barcelona: Herder.

Frankl. V.E. (2008) Em busca de sentido; (30ª ed.) Petrópolis, RJ: Vozes. (Originalmente publicado em 1946).

Frankl. V.E. (2016) Teoria e Terapia das Neuroses. São Paulo, SP: É realizações.

Gusmão, A. O. e Souza, E. G. J. (2020). A Biblioterapia como ferramenta de reestabelecimento emocional. Investigación Bibliotecológica, 34(85), 33-59.

Lukas, E. (2016) Psicologia Espiritual; (5ª ed.) São Paulo, SP: Paulus (Originalmente publicado em 1998).

Lukas, E. (1990) Mentalização e Saúde. Petrópolis, RJ: Vozes.

Lukas, E. (2012) Psicoterapia em dignidade. Ribeirão Preto, SP: IECVF. (Originalmente publicado em 1994).

Martínez, C. S. (2019) Faros Existenciales: Orientando a la infancia hacia el sentido de la vida, prevención del vacio existencial, la depresión y el suicidio. In: Familias resilientes; Arenas, M. R. (dir.). Bogotá, CUN: Paulinas.

Pintos, C. G. (2013) La Logoterapia en cuentos. Buenos Aires: San Pablo. (Originalmente publicado em 1996).

CAPÍTULO 5

A ferramenta "emoji de sentido" e a expressão da dimensão espiritual na criança durante o processo logoterápico

Terezanísia Guerra Cavalcante

O objetivo deste capítulo é identificar a presença de expressão espiritual ou noológica por crianças em prática clínica da Logoterapia e Análise Existencial. Nessa prática, foram utilizadas perguntas abertas e figuras de emojis. Assim, a criança é chamada a responder livremente, seja por meio de desenhos, escrevendo ou como escolher. A atividade "emoji do sentido" contribui para a tomada de consciência de si e do mundo, como também facilita o autodistanciamento e autotranscendência, de maneira a favorecer um possível encontro com o sentido de vida durante a infância.

A relevância deste trabalho reside no fato de haver poucos estudos sobre expressão da espiritualidade na infância – fase importante tanto para a formação de valores quanto para a descoberta do sentido na vida. Dessa forma, este artigo pode ser um incentivo para intervenções que valorizem o infante como aquele que pode transcender a si mesmo, criando, amando e superando as dificuldades que a vida impõe de forma livre e responsável.

Na Logoterapia e Análise Existencial, a criança como pessoa deve ser orientada, a fim de permitir o esclarecimento dos valores, do sentido na vida e da construção de metas. Isso ajuda a desenvolver a tomada de consciência e de decisão diante das possibilidades no mundo.

E quem é chamado a assumir esse papel de orientador são os adultos, como pais e responsáveis.

A criança, em sua humanidade, é única e já pode ser livre e responsável, respeitando sua fase de desenvolvimento: não é livre da dependência social, afetiva e física, mas necessita de liberdade para explorar o mundo, para aprender a superar os desafios da vida e de si mesmas.

Na infância, a criança é, por vezes, rotulada pelo sintoma, problema, transtorno e déficit. A Logoterapia e Análise Existencial resgata a criança para assumir o lugar de um ser humano que possui uma dificuldade e precisa de ajuda para resolvê-la, tendo acompanhamento de sua família e seu ambiente escolar.

A Logoterapia centra nas potencialidades e capacidades, identificando não apenas o que a criança é, mas o que poderia chegar a ser no mundo. Uma pessoa íntegra, consciente, assumindo, de acordo com sua idade, suas próprias responsabilidades, tendo equilíbrio entre liberdade e responsabilidade. Desde pequena, a criança deve ser estimulada a desenvolver um projeto e um sentido de vida fundamentado em valores.

Assim, o objetivo da Logoterapia na infância é fornecer à criança e à família atenção psicológica integral, ajudando na resolução de dificuldades concebidas na infância, contribuindo na prevenção de problemas que possam surgir na adolescência: perda do sentido na vida, drogadição, vazio existencial, autoagressão, vício em jogos, condutas agressivas e consumismo.

Por vezes, pais e familiares buscam ajuda psicológica para a criança por diversos motivos: dificuldades de relacionamento interpessoal, agressividade, dificuldades escolares, entre outras. Assim, a Logoterapia atua na perspectiva de apresentar a oportunidade de vínculo aberto, confiável e seguro, no qual a criança se permita ser e perguntar-se por si mesma – ao fazer isso, torna-se responsável por sua configuração e autodeterminação.

Sánchez (2014) diz que as entrevistas iniciais entre a criança e o terapeuta são importantes para favorecer o encontro autêntico, facilitando o reconhecimento do outro como um ser humano na relação entre um eu e um tu.

Sánchez (2018) enfatiza que "logos" não significa apenas sentido, mas também o espiritual: a dimensão que a Logoterapia aborda do ser humano. Em sua prática clínica, relata a expressão da dimensão espiritual de uma criança de sete anos chamada Samuel. Ele se interessou por objetos mexicanos que estavam no consultório, adquiridos em viagens, e perguntou sobre suas histórias, sendo percebido brilho em seus olhos. Nesse contato paulatino de confiança, certo dia, perguntou: "Sabes? Me sinto perdido, sem rumo, andando sem sentido". E ela disse como terapeuta: "O que poderíamos fazer para encontrar o rumo?" Isso configurou uma tarefa existencial para Samuel e, já na sessão seguinte, ele chegou com um grande sorriso, entrou correndo e disse que já sabia o que poderia ajudar. De sua bolsa escolar, retirou um grande livro pesado intitulado "Faros del mundo" e afirmou: "Vem, vem que te mostro a resposta". Acrescentou que os faróis guiam os navegantes e os orientam com sua luz e completou: "Eu necessito de um farol". A partir disso, o símbolo foi utilizado e lhe foi proposta a construção de seu próprio farol, a que ele se empenhou durante várias sessões.

No relato vivenciado por Sánchez e pelo menino Samuel, revela-se a dimensão espiritual no momento em que a criança se volta a algo e alguém além de si mesma. Então, busca saber a história do objeto mexicano em relação à vida da terapeuta. E é justamente esse vínculo que permite a expressão da dimensão espiritual de Samuel. Nesse processo, ele se questiona acerca do sentido de sua vida e, de forma criativa, descobre como encontrar um rumo em sua vida, de acordo com seus próprios valores, com liberdade e responsabilidade, desde pequeno.

A partir da prática clínica como logoterapeuta, será relatado, com base no encontro existencial, a expressão da dimensão espiritual dos casos: Natália com 5 anos e Paola com 7 anos, ambos os nomes são fictícios para preservar a identidade dos indivíduos. Será identificada a experiência em *setting* terapêutico que revele a expressão da dimensão noológica fundamentada na Logoterapia e Análise Existencial proposta por Frankl. Será vista ainda a ferramenta "emoji do sentido", que foi criada inicialmente com o objetivo de sensibilizar pessoas para prevenção do suicídio infantil, em evento do projeto Escolho Viver, idealizado pela UNILIFE Sistema de Ensino. Esse recurso não tinha pretensão clínica, mas uma proposta inicial de logoeducação e promoção de sentido em crianças.

De forma inusitada, essa atividade não foi utilizada inicialmente em crianças, mas em grupo de adultos interessados em prevenir o suicídio infantil. Esse recurso foi uma das atividades propostas em uma vivência: parte da sensibilização de pessoas para promover sentido, a fim de prevenir a autoagressão e o suicídio. Ocorreu, nesse encontro existencial, o despertar da criança interior, da liberdade, responsabilidade e do encontro com o outro. Ao desenhar, a dimensão espiritual pode ser expressa pelo estético: a arte favorece o autodistanciamento e a autotranscendência.

Várias pessoas se sentiram sensibilizadas diante dessa experiência. Alguns falaram sobre seu próprio projeto, outros sobre seu dever ser sobre superação e lembranças da infância. Ocorreu a expressão do que é genuinamente humano, ou seja, a dimensão espiritual, à medida que apenas o ser humano é capaz de criar, vivenciar e superar obstáculos, respondendo conscientemente aos questionamentos impostos pela vida.

Contudo, sobraram algumas atividades "emoji do sentido", que foram disponibilizadas no consultório, o que despertou interesse por algumas crianças. Dessa forma, passou a ser um recurso terapêutico, ou seja, de fato, um possível recurso facilitador da expressão da espiritualidade em crianças. Como recurso terapêutico para crianças, parece ser útil por ter questões abertas que podem ser respondidas por meio de desenhos, pois geralmente as crianças pequenas estão em processo de letramento e nem sempre verbalizam os seus sentimentos, a compreensão de si mesmas e do mundo. Ainda não está definido o momento logoterápico em que seja mais eficaz, mas a sugestão é que esse recurso seja utilizado em crianças a partir de 5 anos, pois exige um certo nível de amadurecimento cognitivo.

A ferramenta "emoji do sentido" pode ser utilizada em momentos iniciais do processo terapêutico, com objetivo de facilitar a expressão e tomada de consciência da dimensão espiritual, propiciando emergir o inconsciente noético, tanto por meio da escrita quanto na criação de desenhos. Por ter a possibilidade de ser respondida apenas com desenhos, revela o seu aspecto favorável na aplicação a crianças pequenas ou que não sabem ler e escrever. Compõe-se de três tópicos com espaços para desenho.

O tópico 1 tem a seguinte questão: "o que é ser criança?" Esse questionamento parece favorecer o despertar da autoconsciência infantil à medida que permite questionar-se sobre sua existência no mundo. O próprio Frankl, quando pequeno, perguntava-se sobre o sentido da vida. Na visão antropológica atual, a criança é um ser que sente e pensa o mundo de uma forma singular. No tópico 2, é inquirido: "Na vida o que te deixa..." e os respectivos emojis que indicam: feliz, chateado e triste. No primeiro, a resposta do que deixa feliz pode indicar os motivos para ser feliz, de maneira que, talvez, possa expressar o sentido na vida; no que deixa chateado, pode indicar o vazio existencial; e, no que deixa triste, talvez revele o que impede de ir ao encontro do sentido e de expressar a espiritualidade. Nas duas figuras que simbolizam chateação e tristeza, também, pode ser revelada a capacidade de superação diante do sofrimento.

Por último, o tópico 3 tem a seguinte afirmação: "Desenhe o seu maior sonho". E a resposta pode indicar um possível projeto diante das incertezas da vida. A utilização desse recurso não será vista nessa perspectiva detalhada, pois essas hipóteses ainda estão em processo de construção. Então, depois de realizar os desenhos, o terapeuta conversa com a criança sobre suas respostas, para aprofundar e ampliar a percepção de sentido e, assim, abrir outras possibilidades de percepção através do diálogo socrático. Realizar o "emoji do sentido" é uma primeira forma de expressão espiritual e as respostas que aparecem, ao serem conversadas com o terapeuta, podem se fazer conscientes e permitir a descoberta de outros valores, assim como ampliar a consciência e a percepção dos sentidos.

A seguir, será exposto o relato de experiência do atendimento de cada caso logoterápico. Inicialmente, para situar, será explanado o motivo da consulta; em seguida, a atividade "emoji do sentido" com a produção de desenhos e, finalizando, a pintura feita de forma livre e espontânea pela criança.

Caso Natália

Natália tem idade de 5 anos. Seus pais buscaram acompanhamento logoterapêutico para a filha por perceberem-na agressiva e com dificuldade de adaptar-se à nova escola. O aspecto positivo, segundo a percepção dos pais, é a autonomia e característica de liderança da filha.

Depois do primeiro encontro com os pais, algumas sessões foram realizadas com a criança. Durante um dos encontros com a logoterapeuta, ela demonstrou curiosidade por figuras impressas e coloridas de emojis e perguntou se havia mais figurinhas na sala. Foi dito pela terapeuta que havia outras espalhadas. Ela disse: "Gosto de caça ao tesouro". A terapeuta perguntou: "O que acha de procurar outras carinhas?". Natália rapidamente as encontrou junto ao porta-livros e as pegou. Ela falou: "Só tem isso? Quero mais". Então, foi dito para a menina: "Tem essa atividade", que foi lida e explicou-se que poderia ser respondida com desenhos. Continuando, perguntou-se o que as figuras de emojis significaram para ela. Natália disse que a primeira era feliz, a segunda, chateada e, a terceira, triste. Em seguida, Natália continuou a expressar a sua dimensão espiritual ao desenhar e explicar seu desenho, exposto na Figura 1.

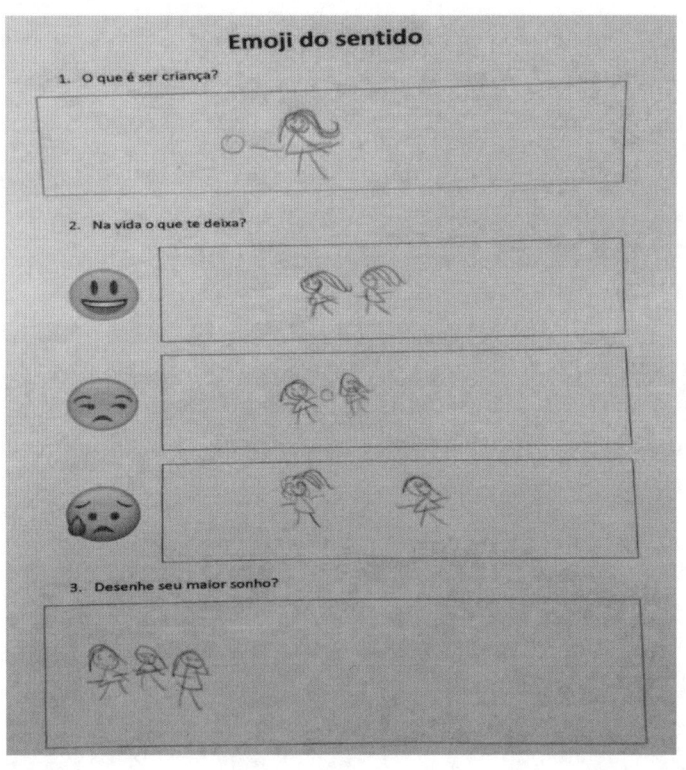

Figura 1 – Atividade realizada por Natália

Fonte: Registro da autora a partir do desenho da paciente. A partir da atividade acima, Natália explicou verbalmente seus próprios desenhos. E seguiu o diálogo socrático:

Terapeuta: Para você, o que é ser criança?

Natália: Ser criança é jogar bola.

Terapeuta: Você joga bola?

Natália: Claro que sim.

Terapeuta: E o que te deixa feliz?

Natália: Me deixa feliz brincar com as amigas.

Terapeuta: E o que te deixa chateada?

Natália: Me deixa chateada brigar com a irmã.

Terapeuta: Você briga com sua irmã?

Natália: Sim, por causa da bola, e gostaria de parar de brigar com ela.

Terapeuta: O que você pode fazer?

Natália: Deixar a bola também com ela. Vou ver se faço isso! (Falou com entusiasmo).

Terapeuta: E o que te deixa triste?

Natália: Me deixa triste quando fico sozinha e minha amiga só brinca com as outras.

Terapeuta: E nesse desenho, qual seu maior sonho?

Natália: Meu maior sonho é ver todas as amigas brincando juntas.

Terapeuta: O que é possível fazer quando sua amiga brinca com outras e você fica sozinha?

Natália: Ahhh! Já sei... devo brincar com outras colegas! (Disse como sendo uma descoberta).

Terapeuta: Você acha que pode fazer isso?

Natália: Sim. Aí eu não vou ficar mais só.

A dimensão espiritual é expressa quando Natália, fazendo referência à irmã, afirma: "gostaria de parar de brigar com ela". E quando, na relação terapêutica, é questionada: "O que você pode fazer?", Natália fala com entusiasmo: "Deixar a bola com ela. Vou ver se faço isso!". Outro momento de expressão espiritual é quando a criança diz: "Ahhh! Já sei... devo brincar com outras colegas!".

No vínculo terapêutico, a criança se autodistancia e toma consciência de forma livre e responsável do seu dever ser, transcendendo a si mesma.

Adiante, a Figura 2 refere-se a uma pintura realizada em consultório por Natália. Será explicitado, posteriormente, um trecho do diálogo entre a criança e a logoterapeuta relacionado a essa pintura.

Figura 2 – Pintura feita por Natália de 5 anos durante consulta logoterápica

Fonte: Registro da autora a partir do desenho da paciente.

Depois de a criança desenhar, ocorreu o diálogo abaixo:

Terapeuta: O que você pintou?

Natália: Eu.

Terapeuta: Essa é você?

Natália: Mudei de ideia. No meio é um urso gigante entre a cama minha e da minha irmã.

Terapeuta: E ele tá fazendo o que no meio de vocês duas?

Natália: Assistimos filme e ele tá unindo. Isso acontece de verdade.

Terapeuta: Como você se sente?

Natália: Feliz, é claro! E isso acontece de verdade.

Nessa pintura espontânea, a criança, com apenas 5 anos, demonstra a espiritualidade por meio da criatividade estética. De forma consciente, reponde à terapeuta que se sente feliz, expressando o sentimento, mas não se posiciona diante do desenho e nem relaciona esse sentimento a uma experiência concreta de forma consciente, que se faz necessária para configurar a expressão espiritual.

A seguir, será visto outro acompanhamento logoterápico infantil e individual, rumo ao possível encontro da expressão espiritual da criança.

Caso Paola

Os pais de Paola procuraram acompanhamento logoterápico para sua filha com idade atual de 7 anos, por perceber nela ansiedade, dificuldade no relacionamento interpessoal, competição e intolerância à frustração. No primeiro contato, a percepção está focada em limitações da filha, mas, no decorrer do acompanhamento e devolutivas, perceberam evolução no que se refere ao desenvolvimento de habilidades sociais.

Depois de vários atendimentos, a criança viu a atividade terapêutica "emoji do sentido" disposta na mesa do consultório; interessou-se e, prontamente, respondeu com desenhos. A terapeuta perguntou à consultante o que significavam, para ela, as figuras de emojis do tópico 2. Paola afirmou que o primeiro significava feliz, o segundo, entediado e o terceiro, nervoso.

Como sugestão, a fim de ser ampliado esse tópico 2, poderia ser aberto um espaço para a criança desenhar seu próprio emoji diferente dos apresentados. Isso permitiria fortalecer mais as expressões noéticas ao possibilitar à criança um exercício maior de autodistanciamento e autotranscendência.

Figura 3 - Atividade realizada por Paola.

Fonte: Registro da autora a partir do desenho da paciente.

A partir dos desenhos, seguiu-se o diálogo entre a criança e a terapeuta no decorrer da sessão. Inicialmente, no primeiro quadro da pergunta: "o que é ser criança?", a terapeuta pediu para Paola explicar o desenho:

> Paola: Ser criança é conversar com uma nuvem e uma garotinha ao meu lado.
>
> Terapeuta: Na vida o que te deixa feliz?
>
> Paola: Viver uma moça linda que tem estilo. Gosto de ir à aula de dança aos sábados.
>
> Terapeuta: E entediada?
>
> Paola: O que me deixa entediante é ficar na casa da avó. Vovô quer me dar abraço toda hora. Ele tem barba branca. E a vovó quer ensinar borboleta com as mãos.
>
> Terapeuta: E nervosa?

Paola: Conversar com os trabalhadores da construção, porque quando vejo pessoas diferentes fico nervosa.

Terapeuta: Qual seu maior sonho? O que você quis dizer no desenho?

Paola: Conversando sobre voar tão alto. Sonho de unicórnios que o filhote tem medo de altura e a mamãe tá quase conseguindo ensinar a voar alto. Jogar peteca, pular corda e brincar de boneca.

Figura 4 – Pintura feita com cola glitter por Paola de 7 anos durante consulta logoterápica.

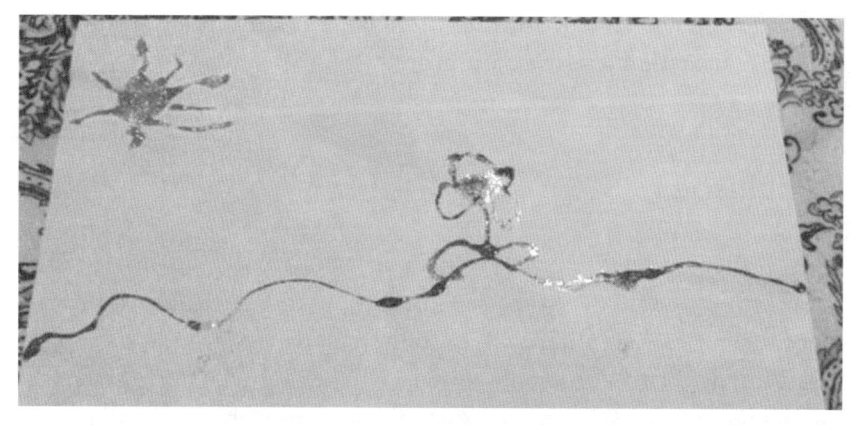

Fonte: Registro da autora a partir do desenho da paciente.

A criança interessou-se pelo recurso "emoji do sentido", escolheu desenhar e se empenhou na criação do desenho, expressando a espiritualidade. Houve, durante o encontro existencial da criança com a terapeuta, respostas às perguntas e uso da imaginação, mas não a tomada de consciência que configura a expressão da espiritualidade defendida por Frankl. O desenho é uma expressão do espiritual, porém, na clínica, não é suficiente apenas o desenho, mas a postura e expressão posterior frente ao desenho, e como se integra a uma experiência e vivência.

Trecho de diálogo durante a sessão:

Terapeuta: Paola, qual é seu objetivo no mundo?

Paola: É espalhar alegria.

Terapeuta: Você poderia desenhar isso?

Paola: Sim. Posso usar cola glitter?

Terapeuta: Claro. Como acha que deve espalhar essa alegria?

Paola pegou o papel, a cola glitter e fez um sol, um traço na base e uma flor. E falou:

"Gosto de sol e flor e ficou lindo". (Demonstrou felicidade ao desenhar).

A expressão da dimensão espiritual fica evidente no momento em que ela responde à terapeuta que seu objetivo no mundo é espalhar alegria. Por meio do encontro existencial, a criança pode se autodistanciar e criar algo a partir da pintura.

Conclusões

Tanto no relato de experiência do caso Natália, quanto no caso Paola, foi percebida a expressão da dimensão espiritual na relação logoterapêutica. No entanto, não foi percebida a expressão da espiritualidade de forma consciente no encontro existencial entre criança e logoterapeuta na sessão em que foi realizada a pintura de Natália, vista na Figura 2. Também não foi expressa a espiritualidade por Paola, de maneira consciente, no momento da atividade "emoji do sentido", ou na explicação dos desenhos por parte da própria criança, como exposto na Figura 3.

Na clínica infantil que utiliza a Logoterapia e Análise Existencial, é importante a consciência da expressão espiritual pela própria criança, para que seja possível tanto a transformação pessoal quanto a superação das restrições psicofísicas. Assim, é necessário, ao logoterapeuta infantil, facilitar e ampliar a tomada de consciência da expressão espiritual, dos valores e da percepção de sentido na vida, para que a criança, desde pequena, possa escolher, diante da vida, com liberdade e responsabilidade.

No relato de experiência clínica, foi percebida a expressão da dimensão espiritual, por intermédio do autodistanciamento e da autotranscendência, de modo que, em ambos os casos, de modo particular, a criança pôde voltar-se para algo ou alguém de forma livre e responsável.

Contudo, no caso Natália, na sessão da pintura, e no caso Paola, durante a atividade "emoji do sentido", a espiritualidade manifestada de forma consciente não foi identificada. Isso não invalida o recurso terapêutico, pois o seu objetivo é facilitar a expressão da dimensão espiritual, podendo ser ou não manifestada conscientemente.

Investigações futuras são necessárias para buscar formas de identificar e facilitar a tomada de consciência da espiritualidade na infância, momento de vida importante para a formação de valores e descoberta do sentido na vida.

Referências

Ariés, P. *História social da criança e da família*. Rio de Janeiro: Zahar Editores, 1973.

Brasil. Lei n.9394, *Diretrizes e Bases da Educação Nacional*. Editora do Brasil. BRASIL.

Brasil. Ministério da Educação. Secretaria de Educação Fundamental. *Referencial Curricular Nacional para a Educação Infantil*. Brasília, 1998.

Bauer. F. *A infância e você: resultados da sua parceria com o UNICEF em 2017*. Relatório Anual Uni, 14(39), 3-4.

Dimenstein, G. *O cidadão de papel: a infância, a adolescência e os direitos humanos no Brasil*, São Paulo, Brasil: Editora Ática, 2002.

Fabry, J. *Aplicações práticas da Logoterapia*. São Paulo, Brasil: ECE, 1990.

Frankl, V.E. *Fundamentos antropológicos da Psicoterapia*. Rio de Janeiro, Brasil: Zahar, 1978.

Frankl, V.E. *Psicoterapia e sentido da vida: fundamentos da Logoterapia e análise existencial*. 3 ed. São Paulo, Brasil: Quadrante, 1989.

Frankl, V.E. *Em busca de sentido*. 18 ed. Petropólis, Brasil: Vozes, 2003.

Frankl, V.E. *Teoria e terapia das neuroses: Introdução à Logoterapia e à análise existencial*. São Paulo: É Realizações, 2016.

Fizzotti, E. *Conquista da liberdade*. São Paulo, Brasil: Paulinas, 1996.

Heywood, Colin. *Uma história da infância: da Idade Média à época contemporânea no Ocidente.* Porto Alegre: Artmed, 2004. Instituto Brasileiro de Geografia e Estatística – IBGE.

Ortiz, E.M. *Psicoterapia y sentido de vida: psicología clínica de orientación logoterapeutica.* Bogotá, Colômbia: Coletivo Aqui y Ahora, 2005.

Sánchez, C.M. *Orientando a la infância hacia el sentido: una mirada desde la Logoterapia de Viktor Frankl.* Bogotá, Colombia: Editorial Faros de sentido, 2014.

Sánchez, C. M. (2018) Faros existenciales: orientando la infancia hacia el sentido de la vida, prevención del vacío existencial, la depresíon e el suicidio. In: Arenas, M. *Familias resilientes: de la adiversidad a la alegría.* Bogotá, Colombia: Paulinas, pp. 28-51.

Soriano, C.F.R. *20 anos: estatuto da criança e do adolescente.* Máceio: CEDCA-AL, 2010.

Souza, E.A., Gomes, E.S. (2012). A visão de homem em Frankl. Revista Logos & Existencia: Revista da Associação Brasileira de Logoterapia e Análise Existencial, 1(1), 50-57.

ANEXO – Atividade utilizada nas sessões

Emoji do sentido

1. O que é ser criança?

2. Na vida o que te deixa...

3. Desenhe seu maior sonho

CAPÍTULO 6

Trabalho de Análise Existencial com crianças vítimas de abuso sexual

Annelies Strolz

Desvalorização das motivações pessoais básicas em crianças vítimas de abuso sexual, cada uma delas ilustrada por um estudo de caso

A primeira motivação básica: SER - PODER SER

Segundo Längle, a primeira motivação básica refere-se a "ser naquele mundo em que o homem nasce". Essa realidade já está lá antes de lhe ser dado. O mundo dá ao homem a possibilidade de existir, dá-lhe o chão, o espaço, o porão, a protecção". (Längle, 1993, p. 157). Porém, esse mundo também lhe coloca condições. O homem tem que lidar com o indesejável, o ameaçador, para poder existir. (Längle, 1993, p. 157).

Efeitos do abuso sexual sobre a experiência de uma criança na primeira motivação básica e possibilidades terapêuticas

Denise (8 anos), nome fictício com intuito de preservar a identidade da criança, é abusada em casa pelo seu irmão-adotivo de 18 anos.

Junto com ela moram na casa outras três irmãs. No total, são nove crianças, porém o foco neste caso será em Denise. Ela é uma garota calma e retraída, mas ela se mostra bastante sociável desde o primeiro momento. Seu jogo é, às vezes, um pouco tenso e obstinado. O que impressiona é seu senso de ordem compulsivo, que também é expresso nos desenhos. As nuvens, por exemplo, "aderem" à borda superior da folha, as pessoas estão dispostas em uma ordem rígida. A sua linguagem é inicialmente inarticulada e, portanto, difícil de entender. Seu vocabulário é muito limitado e sua expressão é mínima.

Quando ela descobre uma pasta do centro de aconselhamento, pergunta-me o que é. Explico-lhe que este folheto é utilizado para informar as pessoas sobre quem pode vir até nós, por exemplo, pessoas que não estão bem, que experimentaram algo ruim e que, por isso, têm medo ou estão tristes. Denise diz então: "Eu também estou assustada!" Quando lhe pergunto do que ela tem medo, ela responde: "À noite, diante dos meus irmãos". Eles veem um filme antes de dormir. "Mas ninguém deve saber disso. Vamos esquecer isso." Ela conta que dois irmãos (que também foram abusados) entram em seu quarto à noite para assustá-la. Denise reclama da culpa injusta e do abuso dos irmãos e de seu pai, que muitas vezes grita: "Idiota, saia daqui!".

A sua mãe, por sua vez, queixa-se dela ser frequentemente muito agressiva em casa, especialmente contra os seus irmãos mais novos. O que mais aborrece Denise é que não tem um lugar em casa onde pudesse brincar em paz. Há alguns dias construiu um "acampamento" no seu quarto, que partilhou com duas irmãs pequenas, para que pudessem estar em paz. Não foi possível, os irmãos mais novos destruíram tudo dela. Enquanto ela conta a sua situação, tem a ideia de criar um tal "acampamento" aqui, na sala de terapia infantil. Encorajo-a no seu desejo e ajudo-a a criar o seu lugar seguro e a mobiliá-lo de acordo com as suas ideias. Este acampamento foi, então, protegido enquanto brincava às escondidas e lá brincava de pegar o seu "Leo", ou seja, uma sala em que podia sentir segura. Ela própria quis decidir quem podia entrar e quem não podia. A condição não era destruir nada.

Quando eu fiz o "teste do sol" com ela e a convidei para desenhar a sua família como sóis, ela também desenhou uma lua. Eu: "O que faz a lua"? Ela: "É uma amiga da família e me protege. A lua é você!"

Denise teve de experimentar repetidamente que o seu espaço (vivo) estava ferido, apertado, inseguro. Sofreu instabilidade devido à falta de estrutura e à falta de fiabilidade na família. Isto, por sua vez, teve um efeito negativo sobre as relações com os seus pais e com os irmãos.

Em terapia, ela experimentou espaço, proteção e estabilidade durante um certo período de tempo. Tentei acolher o que veio dela, não me acanhei de nada e deixei que ela entendesse: "Estou aqui para você"! Disse-lhe desde a primeira hora que tudo o que falamos juntas é confidencial. Que eu nunca diria a ninguém sobre isso. Caso se torne necessário por razões de proteção, discutiria previamente o assunto com ela.

O quadro circunstancial da terapia lúdica promove a cura da criança que é deficiente na primeira motivação básica. A sala é uma sala de jogos, que está equipada de uma certa forma. Há muitos brinquedos na sala de terapia infantil, que crianças de todas as idades podem encontrar inspiração para brincar gratuitamente. São encorajados jogos que estejam relacionados aos objetivos da terapia, ou seja, às metas de crescimento e de processamento do trauma. É um espaço para que a criança encontre segurança e paz. (Petzold & Ramin 1995, p. 221)

A parada dá estrutura à criança. A duração do contato da terapia individual dura cinquenta minutos e depende da motivação da criança, dos cuidadores e do terapeuta. A terapia é realizada uma vez por semana. Na confiabilidade e consistência, a criança experimenta uma orientação, uma distância, sendo mantida uma proximidade adequada.

Desde o início da terapia, tudo deve ser feito para garantir que não ocorram mais agressões, para que a confiança possa crescer e a criança encontre a coragem de expressar o que ela está sobrecarregando. Isso só é possível se a criança for protegida, o que também inclui o dever de confidencialidade.

A segunda motivação básica: PODER SER VALOR

"A segunda motivação básica refere-se à vida em que o homem participa e que pulsa dentro dele". (Längle, 1993, p. 160) Ter sentimentos, experimentar proximidade, calor e valores, sentir relações emocionalmente é possível por meio da força vital do ser humano. "Ao mesmo tempo, porém, a vivacidade traz consigo a sensação de sofrimento, dor e o peso da vida. (...) A vida é enriquecimento (acesso ao mundo dos valores) e sobrecarga (perigo de perda) ao mesmo tempo". (Längle, 1993, p. 160).

Efeitos do abuso sexual sobre a experiência de uma criança na segunda motivação básica e possibilidades terapêuticas

Yvonne (9 anos) continua a mudar o nome do perpetrador. Quando lhe pergunto porque faz isto, se tem medo, ela diz: "Sim, ele disse que me vai esmagar o crânio e matar meu porquinho do mar!" E eu pensei: "Então posso compreender porque não se atreve a dizer o que é real até se sentir segura". Ela pega na marioneta da mão – um crocodilo, fecha-lhe a boca e fala ininteligível. Pego um outro fantoche de mão, o Bub Moritz, e digo: "Oh, meu Deus, o crocodilo está falando e eu não consigo compreendê-lo. Como posso ajudá-lo?" Yvonne vai para o quadro negro e escreve: "Abra a minha boca"! Eu, enquanto Moritz, abro a boca do crocodilo com um fecho de correr. Ela conta que foi enfeitiçada por uma bruxa e que pode ser redimida por um beijo. Moritz beija então o crocodilo – e o crocodilo quer vários beijos.

Por meio dos vários jogos, leitura e pintura – nos quais não quero entrar agora em detalhes – cada vez mais, desenvolve-se entre nós a relação e, por conseguinte, a confiança.

Após meio ano de terapia, Yvonne deseja que, no final da hora, a mãe chegue e que tenhamos uma "sessão de crise". Ela pergunta à mãe sobre o seu tio, o irmão da mãe, e nos diz que ele abusou dela. Ela escreve o seu nome no quadro negro. A mãe diz, então, que pode imaginar, pois uma vez que ele já tinha sido denunciado por tal infração.

Yvonne: "O que é que isso significa?". A mãe: "Ele tocou em duas garotas onde não lhe é permitido tocá-las". Yvonne: "Tal como eu!". Ela pega nas bonecas anatômicas e mostra-o a tocar-lhe na vagina e a enfiar-lhe o dedo. Depois tenta inserir o seu membro na vagina dela. Ela também mostra isto no ânus. Eu: "Nunca um adulto pode fazer isto com uma criança, é estritamente proibido e será punido. É muito desagradável para uma criança, e ela não se pode defender!" Combino com a mãe que ela protege Yvonne do seu irmão (visto que ele não vive em Viena, isso é possível).

Na hora seguinte, ela não quer falar mais sobre o assunto. Ela se distrai atacando-me de repente como uma águia (fantoche de mão) e eu sou como uma lagarta. Eu lhe digo como me sinto como uma lagarta. Ela, a águia, depois cai em voo e parte uma asa. Um helicóptero-ambulância leva a águia ao hospital. Yvonne sai do papel da águia e é agora o médico que, com grande sensibilidade e habilidade, aplica um molde de gesso em volta da asa partida. Eu sou o seu assistente. Depois da águia, um bebê com um braço partido vai para a ala de gesso. Também aqui, ela "lança" muito amorosamente e descobre que o bebê não tem fralda. Juntos mudamos o bebê.

"Emoções ou situações problemáticas para a criança, uma vez identificadas, devem ser abordadas em terapia". (Gil, 1996, p. 87)

Em uma "fase de raiva", ofereci a Yvonne para atirar a sua raiva ao chão com a "bola da raiva", noutra altura dei-lhe latas que ela podia derrubar com um martelo para deixar sair a sua raiva. O objetivo é que o medo e a raiva já não representem para ela um sentimento avassalador, que ela não tem de suprimir e evitar, mas tem possibilidades de lidar com eles de uma forma positiva. É permitido que todos os sentimentos sejam expressos na terapia.

Yvonne demonstrou que, para além do medo e da raiva, também pode sentir e mostrar sentimentos de ternura. Ela ficou triste quando o seu cão teve de ser dado ao fim de duas semanas. Falamos sobre o fato de que dói quando perdemos algo que significa muito para nós, algo de que gostamos. Na próxima hora, ela queria começar a desenhar em paz, com o desejo explícito de não nos falar / não falar entre nós. Na última meia hora, ela quer jogar futebol de mesa. Cheia de energia e concentração, ela compete contra mim. A mudança de fase escolhida por Yvonne deu-me a impressão de ter recuperado o acesso à sua energia vital após um período de luto.

A relação entre a criança e a terapeuta (minha pessoa) pode ser curativa na medida em que a criança pode experimentar uma interação com alguém em quem confia. A confiança (1ª motivação básica) é o fundamento para experimentar a proximidade, o calor e o afeto (2ª motivação básica). Essa experiência em terapia permitiu dar a ela mesma proximidade, calor e atenção. A partir do abuso, Yvonne experimentou uma aproximação inadequada e dolorosa. Estava sobrecarregada com o segredo que a afastava dos outros e a fazia ter medo. Na relação terapêutica, isso pôde – pelo menos em certa medida – ser realizado ou compensado.

Observações sobre o trabalho terapêutico com bonecos anatômicos

Desde que as crianças sexualmente traumatizadas têm sido confrontadas com sentimentos e ações do mundo adulto e, ao mesmo tempo, estão no dilema de não poderem dizer nada, a linguagem por si só não é suficiente. Os bonecos anatômicos são utilizados para fins de diagnóstico e terapêuticos.

São bonecos de aproximadamente 30-40 cm de altura, costurados em tecido de malha fina, de ambos os sexos e de diferentes faixas etárias (crianças, pais e avós). Têm todas as características sexuais e todos os orifícios corporais. Na barriga da mulher adulta há um bebê, que pode ser puxado para fora através da vagina.

Todas as bonecas têm uma boca com uma língua arrastada. Língua, dedos das mãos, dedos dos pés e pênis podem ser inseridos em todos os orifícios do corpo. Assim, é possível que as crianças possam imitar qualquer contato sexual. Os rostos desses bonecos são bastante grosseiros e o contacto visual não é possível porque os olhos grandes olham de lado. Isto faz sentido, porque o contato visual com o infrator estava, na sua maioria, cheio de medo. As roupas são fornecidas com fechos de velcro para que possam ser colocadas e tiradas facilmente.

Ao trabalhar com as bonecas anatómicas, devemos ter o cuidado de não tocar demasiado cedo em situações traumáticas, caso contrário, a criança recusará a continuar a trabalhar com as bonecas. (Garbe 1993, p. 122.).

Yvonne acolheu as bonecas espontaneamente sem nunca ter lidado com elas previamente em uma sessão terapêutica. Se for apresentada uma queixa, as crianças aprendem sobre os bonecos anatômicos com o psicólogo forense, que os utiliza para o diagnóstico. Com Yvonne foi assim.

A terceira motivação básica:
PODER SER O QUE SE É

"A 3ª motivação básica refere-se à pessoa que é o ser humano sem a ter feito (a si mesmo) ou poder determiná-la. (...) Ser uma pessoa é a capacidade de responder de uma origem incompreensível (responsabilidade) e ao mesmo tempo significa uma ego-identidade vulnerável (perda de si próprio)". (Längle, 1993, p. 163).

Trata-se de encontrar a si próprio, de uma interioridade, de uma identidade e apreciação, de ser visto (no sentido de ser reconhecido).

Efeitos do abuso sexual sobre a experiência de uma criança na terceira motivação básica e possibilidades terapêuticas

Bianca (12 anos), nome fictício para preservar a identidade do indivíduo, foi abusada pelo seu pai e um conhecido seu. Os seus pais divorciaram-se quando ela tinha dois anos de idade. Foi dada custódia ao pai, o direito de visita da mãe. Depois de Bianca ter contado à sua mãe sobre o abuso, foi-lhe dada custódia e essa levou a criança, que naquele momento tinha cinco anos de idade, para sua casa. Dois outros irmãos adotivos e irmãs viviam com a mãe. Há seis meses ela casou pela quinta vez. Na primeira entrevista, ela descreve que tinha todos os companheiros violentos. Agora, parece finalmente diferente e eles têm uma vida familiar normal pela primeira vez. No entanto, a mãe está preocupada com Bianca, que por um lado, cuida da sua meia-irmã de quatro anos como um adulto, mas, por outro lado, faz coisas loucas como acender sabão, ir para a cama com óculos de sol, perder repetidamente as chaves do apartamento, esquecer tarefas etc. Bianca não mostrou qualquer sentimento de vergonha. Por exemplo, ela despiu-se nua na praia e só depois procurou a sua roupa. Sentiu-se pressionada pelos seus colegas de turma a decidir quem iria dormir primeiro com um rapaz.

A mãe descreve Bianca como instável. Ao entrar na puberdade, conta Sra. K (mãe de Bianca) que teme que a sua história se repita, pois ela própria também foi abusada quando era criança e mais tarde suportou tudo o que os homens quiseram fazer dela. Ela própria não consegue dar a Bianca mais tempo e atenção. A mãe sentiu que estava bloqueada internamente e sobrecarregada em relação à sua filha.

Em terapia, Bianca revela-se uma garota brilhante que ainda gosta de brincar e falar abertamente. Ela acha a sua amiga mais bonita do que ela e, por vezes, tem a sensação de que nada lhe serve. A fim de construir a sua autoestima, procurei, juntamente com ela, os seus recursos e perguntei-lhe o que gosta de fazer e em que coisa é boa. Ela gosta de modelar. O artesanato e o desenho são os seus temas favoritos.

Uma vez que também olhamos repetidamente para livros, ela descobriu um livro que conhecia do jardim-de-infância: *"Das kleine Ich-bin-ich"* ("O pequeno Eu sou eu"), de Mira Lobe. Ela quer que eu leia.

Fonte: Registro da autora, por meio de prontuário clínico.

Depois desejou que a costurássemos de acordo com as instruções do livro. Ela desenha – eu corto – ela segura – eu amarro – nós cosemos. Nesse "fazer juntos", Bianca experimenta a proximidade e a atividade criativa conjunta.

Ela gostaria de dar "o pequeno Eu sou eu" (a figura/ boneca) à sua melhor amiga e fazer uma também para a sua mãe.

Nas horas seguintes, ela desenha e pinta a parede com um rato Diddl (figura cómica). Ela tem a ideia de se maquiarem e vestirem um ao outro. De vez em quando, vamos ver exposições e ela mostra-me o que gosta. Juntos, procuramos livros para o centro de aconselhamento e discutimos as tabelas de conteúdos. Ela pode, então, escolher e eu empresto-lhe um para ficar em casa.

Uma vez ela traz um livreto para jovens e lê-me um texto de uma adolescente de 14 anos, que a comoveu muito e com o qual se identificou:

> Experimentei então algo que nunca tinha dito a ninguém antes. Mas já não consigo guardar para mim este acontecimento cruel. Estou cansada de ficar calada...
>
> Todas as noites que estive contigo, havia aquele olhar nos teus olhos. Não te importaste que eu não gostasse, apesar de te odiar por isso. O meu mundo inteiro ficou desfeito, tudo se desmoronou, mas vocês precisavam da vossa diversão. Beijou-me e tocou-me em certos lugares, como se fosse perfeitamente normal. Não queria pensar nisso antes, mas agora após seis anos vejo tudo à minha frente como se fosse ontem. Culpo-me a mim próprio e não sei o que fazer. Não posso dizer a ninguém. Tenho vergonha. Passarei o resto da minha vida em silêncio, esperando nunca mais voltar a vê-lo. Você fez e eu tenho de aceitar que terei estas memórias e pesadelos para sempre, mesmo quando dele falo. (E.14). Extraído de: Juventude em Viena, programa mensal com informações, fevereiro de 1999).

Bianca: "Também já experimentei isso, mas não posso pôr as coisas dessa forma". Eu digo: "Isso também é difícil. A garota também escreve como é difícil para ela. Ela tem vergonha e culpa-se a si própria. Muitas crianças e adolescentes que tiveram uma experiência semelhante têm a mesma coisa. As crianças que aderem porque os adultos o querem, não são culpadas. É desagradável para as crianças. O sexo com crianças é proibido e punível. O adulto deve saber isto".

Para Bianca e também para as outras crianças, é difícil não assumir a responsabilidade pelo perpetrador. No início, recusam-se a ser absolvidos da culpa. Continuam a desprezar-se a si próprios e a assumir a culpa do agressor.

Existe o perigo de o sentimento de ser mau tornar-se o núcleo da personalidade da criança em desenvolvimento e persistir na idade adulta. Como prova do seu mal e culpa, a criança vê a satisfação que retirou da situação abusiva, por exemplo, quando recebeu recompensas ou a atenção especial do agressor ou quando foi sexualmente excitada.

Herman (1993, p. 80) escreve sobre o tema da "culpabilidade":

> "Quando as vítimas reflectem e julgam o seu próprio comportamento após acontecimentos traumáticos, os sentimentos de culpa e inferioridade surgem praticamente sempre (...) A culpa pode ser entendida como uma tentativa de aprender uma lição significativa dos horríveis acontecimentos e de recuperar pelo menos algum poder e controlo. A ideia de que poderia ter sido feito melhor pode ser mais fácil de suportar do que enfrentar o facto de uma impotência absoluta". (Herman. 1993, p. 80)

Bianca desenha-se como o rato de Diddl, que já está a corar de vergonha (Figura 1).

No decorrer da terapia, as questões foram também abordadas: Posso traçar limites? Posso dizer: "Comigo não podes"! Trabalhei com ela com cartões de sentimentos e livros, como ela podia descrever, perceber e traçar quais os sentimentos que eram agradáveis e quais os desagradáveis em certas situações. Dos livros ela escolheu *"No kissing on command"* e *"No touching on command"*, de Marion Mebes.

Discutimos situações escolares em que ela se sentiu injustamente tratada ou em que riram dela. De vez em quando, era usada a bola da raiva.

Após cerca de meio ano, a mãe relatou que Bianca tinha tornado-se mais autoconfiante e que já não estava disposta a aturar tudo. Tem agora discussões frequentes com o seu irmão, que é dois anos mais velho. Ela luta mais pelos seus próprios interesses do que antes.

Infelizmente, a terapia terminou prematuramente e eu arranjei uma sessão final com Bianca, na qual olhamos para o tempo que passamos juntas e para as mudanças que tinham acontecido. Em uma carta de despedida para mim, ela escreve que gostava de falar – falar sobre tudo sem que ninguém soubesse. Expressar raiva ou contar eventos alegres – coisas que lhe parecem tristes ou engraçadas. Relaxar na sala de jogos ou jogos de tabuleiro – agir de forma infantil por uma vez – tudo isto foi muito agradável para ela.

Falei para Bianca que ela poderia voltar quando precisasse.

Conclusão

A sensibilização incipiente do público para o tema do "abuso sexual" deve ser continuada, a fim de proteger as crianças. Algumas coisas aconteceram nos últimos anos, tais como a proteção que tem sido oferecida às vítimas desde 1992, que se refletiu numa alteração do Código de Processo Penal austríaco em 1994: as crianças já não têm de testemunhar em tribunal perante o acusado e o público presente na sala de audiências. Um "vídeo" torna possível interrogar as testemunhas em salas separadas em frente de câmeras a funcionar mesmo durante o julgamento principal.

O direito penal austríaco sobre delitos sexuais foi, também, revisto por uma comissão multidisciplinar em 1997/98. Isso se destinava a contrariar a acusação reiterada de que as penas por ofensas sexuais na Áustria eram demasiado brandas.

O atual trabalho de prevenção concentra-se, por vezes, em ensinar as crianças a "dizer não" e a praticar estratégias de autodefesa, que acabam por ser inúteis contra um delinquente premeditado. Os esforços educativos e preventivos devem basear-se em medidas educativas autoconfiantes e críticas. Parece-me importante educar as crianças de tal forma que elas possam dizer sim ou não a partir de uma faculdade crítica saudável e sob a sua própria responsabilidade e possam expor ameaças de chantagem, recorrendo a uma pessoa de confiança. Porém, infelizmente, isso nem sempre será bem sucedido. É também importante proibir publicamente a violência física, psicológica e sexual contra crianças. As mudanças legislativas e a sensibilização são muito necessárias, mas isso não é o fim da história.

Todos os adultos são chamados a erguer-se com coragem moral, sem desviar o olhar para este tema, tornando possível um olhar mais atento para que o abuso de crianças possa ser reconhecido em tempo útil e para que possam ser tomadas medidas contra ele.

As crianças e os jovens precisam de relações com os adultos. Precisam de alguém que os leve a sério, que os compreenda e que participe das suas vidas. Precisam de adultos que tomem uma posição, tomem decisões e se mantenham ao seu lado. Precisam de adultos em quem possam confiar.

Os adultos, por outro lado, precisam de confiança nas crianças e jovens, na sua coragem para assumir a vida – apesar das experiências traumáticas que os afetam e que, muitas vezes, os tornam "difíceis".

Por meio do meu trabalho aprendi a perguntar: O que é que esta criança "difícil" quer me mostrar? Que peculiaridades ele(a) pode expressar? Quais são as suas necessidades? Como posso ajudá-lo(a) a levar a sério a si próprio e as suas necessidades, mesmo que encontre pouco apoio no início?

Nos últimos meses, que têm sido psicologicamente estressantes para mim, comecei a fazer-me estas perguntas para evitar a pretensão. Assim, tanto o cliente quanto o terapeuta têm que encontrar o espaço de vida adequado para desenvolver as suas próprias possibilidades.

Referências

Frankl, U.E. (1990), The Suffering Man. Fundamentos antropológicos do Psicoterapia. Piper, Munique.

Garbe, E. (1993), Martha. Psicoterapia de uma rapariga após um abuso sexual. Votum Verlag, Münster.

Gil, E.(1996), O poder curativo do jogo. Brincar à terapia com crianças maltratadas. Matthias- Grünewald -Verlag, Mainz.

Herman, J.L. (1993), As cicatrizes da violência. Compreender as experiências traumáticas e superado. Transferido para Kindler.

Längle, A. (Ed.) (1988), Decisão a ser.

Viktor E. Frankls Logotherapy em Prática. Piper, Munique

Längle, A. (1993), Ser um viciado. Origem, formas e tratamento de Vícios. Relatório da conferência alargada do GLE Viena.

Längle, A. (1995), Logoterapia e Análise Existencial – um Conceptual Posicionamento. In: Análise da Existência1/95

Längle, A. (1998), pessoa. Um resumo lexical. Em: Análise Existencial 3/98

Lobe, Mira (1991), The Little I-am-I. Verlag Jungbrunnen, Viena – Munique

Vetter, H. (1998), O que significa "ser uma pessoa"? Para compreender o termo e a sua aplicação em antropologia filosófica. Em: Análise Existencial 3/98

Wicki, B. (1988), A Criança como Pessoa. In: Längle A. (Ed.), Decisão a ser. Editora Piper

Wicki, B. (1990), A Criança como Pessoa. Desenvolvimento e educação de do ponto de vista da análise da existência. Relatório da conferência do GLE Viena.

Wirtz, U. (1998), assassinato da alma. Kreuzverlag, Zurique.

CAPÍTULO 7
Atendimento infantil na modalidade remota em meio à pandemia da COVID-19 sob a ótica da Logoterapia e Análise Existencial

Ana Paula Zeferino Rennó

Em meio à pandemia que vivemos em 2020, ocasionada pela COVID-19, os atendimentos clínicos que estavam, sob a grande maioria, em modo presencial, passaram para a modalidade *on-line* a fim de manter a segurança e prevenção da saúde pública.

Nesse cenário, cercado por incertezas, inseguranças, medos e isolamentos, fomos obrigados a nos acostumar com outro modo de nos relacionar, de viver, de trabalhar, e, assim, os atendimentos infantis *on-line* apareceram para mim. A demanda foi aumentando a cada mês. Casos com crianças depressivas, ansiosas, irritadas, com medo da doença, medo da morte, automutilação, entediadas por estarem isoladas em suas casas e com aulas remotas, enfim: as crianças pediam socorro! Estavam isoladas em casa com seus familiares e não podiam mais se encontrar com seus colegas de forma presencial como de costume. As aulas também passaram para o modo remoto, e as mães ou pessoas da família ajudavam as crianças a acompanhar todo o conteúdo escolar, gerando muito estresse em algumas famílias.

Foi assim que surgiu o caso de Mariana, o nome verdadeiro será preservado para manter o sigilo da paciente, em que a mãe solicitou o atendimento *on-line* para Psicoterapia. Ela tem 10 anos e mora com os pais e um irmão de 15 anos. Primeiramente, o atendimento foi por videochamada, pelo *Skype*, com os responsáveis da Mariana, momento em que foi trazido como motivo da terapia o descontrole das emoções. Ela apresentava muita raiva em relação ao irmão, segundo a mãe, e estava muito agressiva, irritada, com comportamento autodestrutivo e com medo de dormir sozinha.

O pai relatou que sua relação com ela era tranquila. Ela era uma filha amorosa e obediente, mas Mariana enfrentava a mãe desde pequena. Segundo os relatos deles, a mãe era emotiva, agitada, perfeccionista e tudo tinha que ser do jeito dela.

Em relação ao convívio social, Mariana tem uma boa relação com os amigos da escola. É considerada uma ótima aluna, criativa e responsável. Não tem antecedentes de queixa escolar.

Depois do primeiro encontro com os pais da Mariana, acertou-se que as sessões seriam semanais, de 50 minutos cada. Na semana seguinte, ocorreu o atendimento da criança. Ela, a princípio, ficou conversando comigo junto com a mãe. Estava assustada, inibida, meio desconfiada, pois era a primeira vez que fazia terapia. Depois de fazer o acolhimento, a mãe foi convidada a sair do quarto da filha para ficarmos só nós duas. Mariana, de forma bastante disposta, disse para mãe ir tranquila.

Na primeira sessão, contei a história "por que as crianças vão à terapia". Ela ouviu atentamente e refletimos por meio da história o motivo do seu atendimento. Esse recurso é conhecido como biblioterapia, em que a partir do diálogo socrático ajudamos a criança a refletir sobre a sua existência.

A biblioterapia é um recurso terapêutico que podemos utilizar, por exemplo, com livros contando histórias ou fábulas, contos, poesias ou em forma de músicas, vídeos, enfim, para ajudar o paciente e, nesse caso, a criança, a refletir sobre o seu atendimento de forma lúdica.

Na história que contei, a criança poderia ter um problema, probleminha ou problemão e, por isso, os pais levavam seus filhos à terapia. Mariana refletiu e se expressou por intermédio do desenho que o seu motivo era um problemão. Foi assim que ela expressou a raiva que sentia. Uma raiva muito grande que tomava conta de seu comportamento. Ela não sabia dizer quando é que a raiva apareceu e nem o motivo.

Trouxe também que não era só o problemão, mas tinha um problema que era o medo: medo de aranha e, por isso, não conseguia dormir sozinha. Pintos (1999) afirma que "a própria leitura vai introduzindo o paciente em estado de meditação, para lhe dar um nome, do qual certas vivencias interiores e percepções vão adquirindo maior intensidade" (Pintos, 1999, p.22).

Ao longo dos primeiros meses, Mariana demonstrava estar bastante vinculada comigo. Percebia seu comprometimento ao horário da terapia. Colocando-o na agenda do *Skype* para não esquecer, já que a mãe estava trabalhando naquele horário. Demostrava ter bastante autonomia e responsabilidade com suas tarefas. Segundo Frankl, a responsabilidade significa sempre responsabilidade perante um sentido (Frankl, 2003, p.55), e, assim, Mariana demonstrava que a Psicoterapia estava fazendo sentido para ela.

Ela gostava de ficar mudando a tela de fundo do computador para brincar comigo. Se colocava no meio de um jogo, ou de uma paisagem de praia ou em uma biblioteca. Trazia uma espontaneidade e criatividade bastante natural que era própria dela e da sua idade. Teve uma sessão que me convidou para fazer o atendimento pelo aplicativo *Zoom*, pois lá tem o recurso do quadro branco. Lá no *Zoom* brincamos de desenhar no quadro branco, em que ela tinha que adivinhar o que eu desenhava e eu o mesmo. De forma criativa, brincamos de desenhar as emoções. Lembramos da história do filme "Divertidamente", e aí desenhamos cada emoção. Quando se deparou com a raiva, refletimos sobre suas características, e Mariana de forma espontânea expressou que a raiva que sentia ajudava ela a se proteger das pessoas e do medo que sentia da aranha.

O atendimento com crianças é no brincar. O brincar facilita a criança entrar em contato consigo mesma e com o mundo. O psicoterapeuta facilita a partir do brincar o descobrimento de um caminho de sentido para a criança se encontrar com suas emoções. E, assim, Mariana se encontrava com ela mesma diante do brincar, elaborando a raiva que sentia.

Esse recurso de desenhar e refletir com as emoções ajuda a criança a distanciar-se "não apenas de uma situação, mas de si mesmo" (Frankl, 2011, p.27). É o autodistanciamento, no qual convidamos a criança a olhar de uma outra forma para o que está sentindo e, desse modo, sair de si mesma, ir além de seus sentimentos, aprendendo a se posicionar, fazendo escolhas na liberdade com responsabilidade para consigo e para o mundo.

Em outra sessão, ela quis me mostrar o jogo *on-line* que gostava de jogar com sua colega da escola. Chama-se *Roblox*, um jogo interativo que desperta a criatividade e ajuda a criar estratégias. Ela me ensinou a jogar e, durante o jogo, demostrei interesse em aprender, dessa forma, percebi que ela se sentiu acolhida e que podia ser uma pessoa boa, ou seja, ela podia ensinar alguma coisa para alguém. Sentiu-se valorizada. Isso me pareceu muito bom para ela. Na Logoterapia, possibilitamos por meio do amor; "um amor genuíno na relação terapêutica" entre o psicólogo e, nesse caso, a criança, a ajudá-la a se conscientizar do que ela pode ser e do que ela deveria vir a ser, realizando seus talentos e potencialidades. (Frankl, 2008, p.136).

Com relação ao medo, Mariana tem aprendido a lidar com humor. Primeiro porque mora em um apartamento no décimo andar e lá nunca apareceu nenhuma aranha. O único contato que teve foi há alguns anos quando visitava sua avó que mora em uma fazenda. Entretanto, segundo ela, a aranha era tão pequenininha que, na verdade, não faria mal nenhum a ninguém. Percebeu, ao longo de sua fala, que o que sentia talvez não fosse medo, mas sim sentia-se assustada, pois a aranha poderia fazer alguma coisa como soltar um veneno ou algo mais, enfim, era o que ela via nos documentários que assistia sobre aranhas.

Refletimos sobre o medo da aranha nesse contexto até que ela começou a rir, pois percebeu que era um medo um tanto engraçado, assim o humor constituiu uma ferramenta para que Mariana pudesse se distanciar da situação que a levava a se sentir apavorada e com medo. Aqui, Mariana pôde dar conta do sentido do humor que Frankl (2008) evidencia como: "A vontade de humor – a tentativa de enxergar as coisas numa perspectiva engraçada – constitui um truque útil para a arte de viver" (Frankl, 2008, p.62).

Depois dos primeiros meses, agendei um atendimento com Mariana e a mãe, em que a genitora relatou que, depois de dois meses de terapia, ela não tinha mais medo de aranha e já estava dormindo sozinha. Refletimos sobre seu comportamento autodestrutivo que a mãe trouxe no início do processo terapêutico: roer as unhas com bastante intensidade e se coçar de forma intensa machucando a sua pele. Segundo a mãe, ela estava mais segura, e esses comportamentos já não apareciam com tanta frequência. Na sessão de terapia, inclusive, ela não mencionou sobre roer unhas, nem se coçar, então, esperei o tempo dela e não tocamos nesse assunto. Mariana foi conhecendo-se por meio das sessões lúdicas no brincar e sua autoestima foi melhorando. Dizia que a raiva já estava bem controlada.

Em uma outra sessão, utilizando o recurso da biblioterapia, novamente com o livro "A parte que falta", eu li para ela, mostrando as imagens do livro e depois a convidei a contar do seu jeito a história da forma que entendeu. Ela gostou da ideia e disse que queria brincar de *"youtuber"* e iria gravar ela mesma contando a história para mim, fazendo uma reflexão com sua vida. E assim o fez, no *Skype*! Colocou-se no lugar de uma *youtuber,* contou a história para mim e revelou que sabia que estava faltando alguma coisa para ela, mas não sabia o que era.

Ao longo da sessão, percebi que sentia ciúmes da relação do irmão com a mãe e isso causava bastante raiva. Não se sentia tão amada quanto o seu irmão mais velho e isso a descontrolava emocionalmente. Usava da raiva para se proteger desses sentimentos e como não se sentia tão amada queria chamar a atenção. Seu comportamento autodestrutivo e medo de dormir sozinha parecia uma forma da mãe olhar para ela e dela se aproximar mais da mãe.

Essa percepção foi levada para a mãe, e refletimos a importância de Mariana se sentir amada, aceita como ela é, de forma singular e irrepetível. A mãe chorou muito nessa sessão e trouxe que era difícil para ela a relação com a filha. Elas não se comunicavam muito bem. Brigavam muito e a mãe tinha dificuldade de demonstrar carinho e afeto.

Mariana está em atendimento *on-line* há 8 meses. Ao longo das sessões com Mariana, tenho usado o método fenomenológico-existencial para que ela possa descobrir por ela mesma o quanto é amada, é única e singular. Por intermédio de brincadeiras de troca de papéis, por exemplo, ela se coloca no lugar da mãe e eu da filha, ou pega uma boneca e cuida como filha. Brincando de "família" ou do jogo de imitação, no qual brincamos de imitar ou fazer mímica de uma pessoa da família, ou seja, por meio do lúdico, Mariana tem conseguido tomar consciência de suas ações e motivações para lidar melhor com suas emoções. Ainda, faz-se necessário trabalhar a relação da criança com a família, principalmente com a mãe e o irmão.

Percebo que, mesmo diante da tela do computador, com todos os desafios e ausências de algumas expressões, é possível ajudar uma criança com seus medos e inseguranças, mais do que isso, é possível um encontro existencial de forma saudável e responsável por meio dos recursos tecnológicos. Na Logoterapia e Análise Existencial:

> À medida que a Psicoterapia – sendo mais do que engenharia ou tecnologia psicológica – se baseia no encontro, aqueles que se encontram não são duas mônodas, mas sim, seres humanos que confrontam um ao outro com logos, isto é, com o sentido de seu ser. (Frankl, 2011, p.17).

O encontro existencial é imprescindível para a questão do vínculo que é bastante curativo e não depende somente do atendimento presencial. Por isso, é possível também acontecer este encontro pelo atendimento *on-line*, a partir da empatia, do acolhimento sem juízo de valor, utilizando recursos criativos e espontâneos, por meio do lúdico, do brincar, dos jogos e da biblioterapia, e, principalmente, da disposição de estar ali naquele momento presente, ajudando a criança a encontrar sentido em sua vida, mesmo em meio a tantas frustrações e isolamento social.

Citando Frankl, o meu papel como logoterapeuta infantil "consiste em ampliar e alargar o campo visual da criança de modo que de todo espectro de sentido em potencial se torne consciente e visível" (Frankl, 2008, p.135). A Psicoterapia infantil, na Logoterapia, ajuda a criança a encontrar sentido no seu existir. Segundo Sanchez (2014) "O espaço clínico da Logoterapia é orientado principalmente para facilitar este processo de autoconsciência reflexiva que permite a expressão do existencial da criança (...)" (Sanchez, 2014, p.23).

Sendo assim, concluo com Sanchez (2014) quando afirma que, na Psicoterapia infantil nós "facilitamos a autoconsciência biopsicoespiritual da criança (...) é a dimensão especificamente humana o que Frankl enuncia como recursos noéticos ou espirituais: autodistanciamento e autotranscendência" (Sanchez, 2014, p.24). Então, esta é nossa tarefa em meio à pandemia: atuar com as possibilidades que nos ocorre e continuar buscando, a exemplo do atendimento por modalidade remota, ferramentas importantes para ajudar crianças e pessoas de todas as idades a encontrarem sentido na vida, pois o sentido do amor se faz presente no atendimento, quebrando a distância física e transformando-se em um verdadeiro encontro existencial.

Referências

Erikson, E.H. (1998). *O ciclo de vida completo*. Porto Alegre: Artmed.

Jobim e Souza, S. (1996). Ressignificando a Psicologia do desenvolvimento: uma contribuição crítica à pesquisa da infância. Em: S. Kramer & M. I. Leite (Orgs). *Infância: Fios e desafios da pesquisa*. (5a ed.) Campinas, SP: Papirus. pp. 39-55, 1996.

Frankl, V. E. (2008). *Em busca de Sentido*: Um psicólogo no campo de concentração (38a ed). Aparecida, SP: Vozes.

Frankl, V. E. (2011). *A vontade de sentido:* fundamentos e aplicações da Logoterapia. São Paulo: Paulus.

Frankl, V. E. (2016). *Psicoterapia e sentido da vida* (6a ed). São Paulo: Quadrante

Frankl, V. E. (1991) *Psicoterapia na prática*. Tradução: Cláudia M. Caon. Ed. Papirus – Campinas- SP, 1991.

Griffa, M. C., & Moreno, J. E. (2008). *Chaves para a Psicologia do desenvolvimento*, tomo 1: vida pré-natal, etapas da infância (4a ed.). São Paulo: Paulinas.

_____ (2011). Chaves para a Psicologia do desenvolvimento, tomo2: adolescência, vida adulta, velhice (8a ed.). São Paulo: Paulinas.

Pintos, C. G. (1992). *O entardecer da existência*: ajuda para o idoso viver feliz. Aparecida, SP: Santuário

Pintos, C. G. (1996). *La Logoterapia en cuentos*. Buenos Aires: San Pablo.

Sánches, C. M. (2009). *Aportes a la Psicoterapia com niños:* orientando hacia el sentido de la vida. Em: S. S. Valiente. (Org.). Logoterapia em acción: aplicaciones *práticas* (pp. 291-332). Buenos Aires: San Pablo.

Sánchez, C. M (2014). *Orientando a la infancia hacia el sentido*. Una mirada desde la Logoterapia de Viktor Frankl. Bogotá, Colombia: Faros de Sentido.

Sánchez, C. M. (2019). *Caminos para uma crianza com sentido:* Educando desde la coherencia. Bogotá, Colombia: Paulinas.

CAPÍTULO 8
Abel: da tristeza à alegria

Tatiana Oliveira de Carvalho

Breve Introdução

Relato de um caso clínico infantil fundamentado na Logoterapia e Análise Existencial frankliana, realizado no Instituto Geist, em São Luís-MA. O paciente, com o nome fictício de Abel, era um menino de 6 anos de idade que sofria devido a um problema de constipação intestinal de fundo emocional, agravado diante do luto pela morte do pai. Foi realizada a psicoterapia com a criança, cujas sessões, em um total de dezoito, foram intercaladas com atendimentos à mãe.

A intervenção está descrita em três etapas, denominadas de: 1) momentos iniciais; 2) momentos centrais; 3) momentos finais. Após a descrição de cada etapa é feita a discussão dela, relacionando os acontecimentos e as práticas desenvolvidas aos elementos teóricos que as fundamentaram e direcionaram. O percurso metodológico trilhado com Abel foi peculiar, resultante de variáveis relacionadas à sua personalidade única e à personalidade igualmente única da logoterapeuta. Diversos recursos foram utilizados ao longo do processo psicoterapêutico para facilitar o autodistanciamento e a autotranscendência, como o uso de jogos, desenhos e especialmente a biblioterapia.

Pôde-se constatar que o espaço clínico centrado no sentido promoveu a diluição dos sintomas psicofísicos e a expressão do espiritual na criança, resultados que se manifestaram pela objetiva superação da problemática inicialmente apresentada, bem como pela espontaneidade e criatividade crescentes observadas no comportamento de Abel.

Estudo de Caso

Este trabalho apresenta um caso clínico de Logoterapia infantil com o objetivo de elucidar, a partir de uma situação prática, o processo psicoterapêutico centrado no sentido. Sua relevância está no fato de poucas publicações, até o momento, terem ocupado-se com essa temática, de forma que a difusão do conhecimento sobre Psicoterapia infantil fundamentada na Logoterapia ainda é tímida. Destaque deve ser dado ao trabalho de referência que vem sendo realizado por Clara Martínez Sánches (2009), logoterapeuta colombiana, que afirma que a intervenção logoterapêutica com crianças é um campo novo, sendo predominantes os trabalhos de base psicanalítica e cognitivo-comportamental.

Contribuindo para ampliar um pouco mais a bibliografia disponível sobre o tema, o logoterapeuta brasileiro Paulo Kroeff (2012) publicou um caso de Logoterapia infantil. O autor fez a ressalva de que Viktor Frankl deu maior ênfase em seus trabalhos à psicoterapia com adultos, e que alguns logoterapeutas, posteriormente, fizeram adaptações para o trabalho com crianças.

O caso aqui apresentado foi desenvolvido com base nessas referências supracitadas, como também em outras que discutem a Psicoterapia infantil partindo de referenciais próximos, de base fenomenológico-existencial ou humanista (Azevedo, 2002; Oaklander, 1980). No que diz respeito à Logoterapia em geral, não especificamente infantil, foram utilizados fundamentos teórico-metodológicos de Frankl (1973, 1991, 2011, 2016) e diretrizes práticas de Garcia Pintos (1999); Ortiz (2013); Ortiz, Rodríguez, Castillo, e Pacciolla (2015).

Com o fim de melhor organizar as informações, o caso será apresentado com a seguinte estrutura: 1) Momentos iniciais: entrevista psicológica com a mãe e primeiro encontro com a criança para realização de avaliação diagnóstica e direcionamento do processo psicoterapêutico; 2) Momentos centrais: onze encontros seguintes com a criança, intercalados com mais alguns encontros com a mãe, que consistiram no desenvolvimento do processo terapêutico; 3) Momentos finais: correspondentes aos seis últimos encontros com a criança e devolutiva à mãe, para reavaliação com base na demanda apresentada e encerramento do processo e orientações. Cada etapa será descrita em uma seção específica, seguida da discussão dos respectivos dados. O capítulo se encerra com considerações finais, evidenciando a eficácia da Logoterapia infantil.

Momentos iniciais

Abel, um menino de 6 anos de idade, foi levado à psicóloga pela mãe, por indicação de sua médica pediatra. No primeiro atendimento, fora realizada entrevista anamnese, na qual a mãe expressou a seguinte queixa: "O problema é o cocô... agravou". Referia-se ao fato de o filho estar apresentando constipação intestinal que piorava gradativamente. Explicou que, desde os 2 anos de idade, Abel já apresentava esse problema, tinha intolerância à lactose, era inseguro, chorava com facilidade. Nos últimos meses, seus problemas emocionais e fisiológicos tinham agravado-se consideravelmente, após a morte do pai em um trágico acidente automobilístico. Estava apresentando choro excessivo, irritabilidade, intolerância, agravamento da constipação, desesperava-se quando tinha que defecar, passava dias sem fazê-lo.

A relação da criança com a mãe estava prejudicada devido ao estresse gerado, pois, sem saber o que fazer, ela pressionava o filho para defecar, obrigava-o a ficar no banheiro, entrava em desespero. A mãe já tinha submetido Abel a diversos tratamentos médicos sem sucesso, estava sofrendo pressão de seus familiares para que resolvesse logo o problema do filho, pois a saúde dele estava sendo afetada. Afirmou: "Virou o assunto da família, o assunto da casa."

Abel morava com a mãe, o irmão menor e a avó materna, que, desde o falecimento do pai, mudou-se para sua casa a fim de ajudar a mãe nos cuidados com as crianças. Ele não falava sobre a morte do pai ou sobre seus sentimentos a esse respeito. Era muito ligado ao pai afetivamente, especialmente após o nascimento do irmão caçula, que nasceu quando ele tinha apenas 1 ano de idade. O pai era muito presente, costumava levar os filhos para passear, mantendo intensa convivência familiar.

Abel costumava conversar mais com o pai do que com a mãe que, com o nascimento do segundo filho, passou a dar mais atenção a este. Após a morte do pai, Abel questionava à mãe: "Mamãe, agora quem é que vai me dar amor? Tu só gostas do Marcelo." A mãe informou também que Abel não gostava muito de conversar e que se mostrava muito inteligente, a ponto de uma amiga dela achar que ele era superdotado.

A mãe foi orientada pela psicóloga a não exigir que o filho defecasse, uma vez que isso intensificava seu estado de ansiedade, o que fazia com que o problema se agravasse ainda mais, além de piorar a relação mãe-filho. Recomendou-se que ela lesse junto aos dois filhos o livro terapêutico infantil "Quando mamãe ou papai morre" (Grippo, 2009), de forma a facilitar a comunicação na família e a expressão da dor da perda do pai, que era compartilhada, porém sofrida por cada membro familiar isoladamente até então. Ainda na primeira consulta com a mãe, foi realizado o enquadre terapêutico, que, posteriormente, foi renovado junto à criança. Acordou-se que Abel passaria a ir ao consultório uma vez na semana, que ela deveria anteriormente explicar ao filho o porquê ele iria à psicóloga e dizer-lhe que, caso ele quisesse, poderia levar um álbum de fotos da família ao primeiro encontro para mostrar à psicóloga.

O primeiro encontro com o paciente ocorreu dias depois. Ao chegar ao consultório, Abel aceitou de imediato ficar a sós com a psicóloga, enquanto sua mãe esperava por ele do lado de fora. Não se aproximou muito, mas entregou à psicóloga um pequeno álbum de sua "família completa". Não quis falar sobre o assunto, e se voltou para algo que chamou sua atenção em meio aos brinquedos: uma coleção de gibis. Pegou um deles, sentou-se na poltrona em silêncio e concentrou-se na leitura, desligando-se do entorno por um tempo considerável. Após alguns convites da psicóloga, aceitou ir com ela até a mesinha infantil. Ela lhe mostrou livros sobre Psicoterapia infantil, mas ele não deu muita atenção. Tentou que ele dissesse o porquê de ter ido até o consultório e de que ajuda precisava, mas ele disse que não queria falar disso.

Abel interessou-se pelo jogo de tabuleiro "Charada", aprendeu as regras rapidamente, jogaram juntos e ele venceu a primeira partida. Descontraiu-se com o jogo, mas pouco falou com a psicóloga.

Mantinha-se calado quando ela o fazia perguntas corriqueiras sobre seu cotidiano. Quis jogar novamente, mas, como restava pouco tempo para o término da sessão, criaram regras mais simples para que a partida fosse mais rápida. Dessa vez, a psicóloga venceu e ele não expressou muita emoção com isso. Ao fim da sessão, retomando o assunto acerca do motivo de ele ter ido até lá, a psicóloga informou que sua mãe havia falado sobre sua dificuldade de defecar e a perda do pai, e que ela gostaria de ajudá-lo nisso. Ele nada falou, apenas concordou fazendo gestos afirmativos e combinaram de dar continuidade na semana seguinte. A psicóloga permitiu que ele levasse seu gibi emprestado.

Discussão dos dados iniciais

Já no primeiro momento, a consulta configurou-se em um espaço de acolhimento e suporte emocional à mãe. Foi possível perceber que toda a família estava em sofrimento e que a mãe se sentia sem forças para lidar com a situação de Abel. Buscou-se valorizar seus esforços para fazer o melhor pelo filho e, em um apelo à sua capacidade de autotranscendência, foram confrontadas algumas de suas atitudes e oferecidas orientações para que melhor conduzisse as situações do cotidiano familiar.

A autotrancedência, para Frankl (2011), constitui a essência da existência, uma vez que essencialmente "ser humano é ser direcionado a algo que não si mesmo" (Frankl, 2011, p.67). Segundo o autor, a existência humana não é autêntica, a menos que seja vivida de maneira autotranscendente. Pressupõe-se, portanto, que, na Psicoterapia infantil, é fundamental que se apele para a capacidade de autotranscendência dos adultos responsáveis por aquela criança, que, no caso de Abel, era a mãe. A abertura que, de antemão, foi demonstrada por ela ao buscar a ajuda da psicoterapeuta permitiu que se ampliasse sua tomada de consciência durante os atendimentos dirigidos a ela. Dessa forma, foi possível auxiliá-la a perceber suas próprias atitudes em relação ao filho e as possibilidades de redirecioná-las a favor do bem-estar de toda a família.

Quanto a Abel, foi possível perceber que seu psicofísico estava acometido de sintomas que prejudicavam a manifestação de sua dimensão noética. Para Frankl (2011), essa dimensão, também chamada de noológica ou espiritual, difere ontologicamente das dimensões biológica e psicológica, que, juntas, constituem o organismo psicofísico, marcado por condicionamentos. É na dimensão noológica que estão localizados os fenômenos tipicamente humanos, como a possibilidade de oferecer uma atitude diante dos fenômenos somáticos e psíquicos, com intencionalidade, permitindo à pessoa elevar-se, portanto, acima do psicofísico.

A ausência do pai parecia ter provocado em Abel a sensação de que agora sua vida carecia de sentido, pois tinha perdido o ser amado que mediava sua relação com o mundo e tornava esse mais significativo. Agora, parecia-lhe difícil perceber sentido no mundo sem o pai. Refletindo sobre o objetivo terapêutico a partir de Sánches (2009), a psicóloga compreendeu ser necessário facilitar na criança "o processo de amadurecimento noético, levando-a à descoberta de sentidos, ao desbloqueio do psicofísico que impede o despertar ou a expressão do espiritual" (pp. 314-315).

O primeiro atendimento a Abel permitiu mais algumas constatações e reflexões acerca da condução da intervenção terapêutica. A criança estava apresentando comportamento de esquiva, de forma que evitava falar nos assuntos dolorosos. Parecia ser esse também seu comportamento em relação ao momento de defecar, o que estava gerando-lhe intensa ansiedade. Um círculo vicioso patológico parecia estar desenhando-se, na medida em que a tentativa de evitar a dor o fazia reter as fezes, o que dificultava ainda mais que elas fossem eliminadas, aumentando a dor. E quanto maior sua dor, mais aumentava também o medo e, portanto, a ansiedade antecipatória ao prever que novamente sentiria dor, o que acabava por gerar uma tensão muscular ainda maior, que, por sua vez, também aumentava a dor ao tentar defecar, fazendo-o novamente querer fugir da situação.

O quadro apresentado assemelhava-se ao que Frankl (2016) chamou de um dos padrões de reações patogênicas: "o paciente reage a determinado sintoma com o temor de que ele poderia reincidir, ou seja, com uma ansiedade antecipatória, e essa faz com que o sintoma realmente reincida – algo que apenas reforça os temores iniciais do paciente" (p. 28). Fazia-se necessário, assim, provocar o autodistanciamento para que se rompesse esse ciclo, trazendo a consequente redução dos sintomas. O humor e o heroísmo constituem, para Frankl (2011), as capacidades unicamente humanas de autodistanciamento, que se traduzem na capacidade que só o ser humano tem de distanciar-se não apenas de uma situação, mas também de si mesmo, tomando livremente uma atitude perante os condicionamentos que o acometem.

Nesse primeiro contato com a psicóloga, percebeu-se também que Abel não se aproximou muito, dando pouca abertura para comunicar-se e interagir com ela. Viu-se, assim, que seria necessário um esforço no sentido de construir um bom vínculo terapêutico com a criança. "A relação terapêutica, ou melhor, o encontro existencial entre a pessoa do terapeuta e a pessoa do paciente é a peça fundamental do processo psicoterapêutico, sem relação não há processo dialógico, mas em vez disso mero monólogo, gerando a frustração da existência ao não ex-sistir (sair de si)" (Ortiz *et al.*, 2015, p. 203).

Ainda nesse primeiro encontro com Abel, foi possível perceber que ele se interessava por jogos de regras e leitura, além de ter um elevado nível de inteligência e capacidade de pensamento abstrato. A psicóloga inferiu que o uso de jogos, desenhos e de histórias infantis bem humoradas poderiam ser recursos bastante úteis para ajudar o paciente a expressar seus pensamentos e sentimentos, facilitando, desse modo, a mobilização de sua capacidade de autodistanciamento. Sánches (2009) defende o uso do jogo na Psicoterapia infantil como uma importante ferramenta para promover autodistanciamento, uma vez que gera situações em que a criança tem que fazer escolhas, tomar decisões. Afirma essa autora que no jogo "a criança põe em cena a liberdade e por ser uma atividade intuitiva por excelência permite mais facilmente a expressão da espiritualidade" (Sánches, 2009, p. 317).

Dessa forma, com base no que pôde ser avaliado inicialmente, foi-se esboçando uma proposta terapêutica que buscaria explorar diversos recursos que despertariam interesse e envolvimento de Abel, especialmente livros cujos conteúdos o ajudassem a compreender-se melhor. Não se delineou um plano terapêutico rígido, a fim de se permitir um espaço de liberdade à criança que favorecesse a sua expressão de forma espontânea. "Minha meta é ajudar a criança a tomar consciência de si mesma e da sua existência em seu mundo. Cada terapeuta encontrará o seu próprio estilo para conseguir esse delicado equilíbrio entre dirigir e orientar a sessão, de um lado, e acompanhar e seguir a direção da criança, de outro" (Oaklander, 1980, p. 69).

Momentos centrais

No segundo encontro com Abel, a psicóloga apresentou-lhe o livro "A incrível fábrica de cocô, xixi e pum" (Mesquita, 2007), convidando-o à leitura. A proposta instigou sua curiosidade e logo que começou a ler, passou a divertir-se com o livro, que, de forma lúdica e bem humorada, explica o que acontece com o corpo desde a ingestão dos alimentos até a eliminação das fezes. No terceiro encontro, foram propostas atividades de desenho referentes ao assunto tratado no livro. Abel dedicou-se a fazer desenhos bem detalhados e caprichados, nos quais expressava tudo o que tinha entendido a partir da leitura. Cada vez mais, a psicóloga ia se aproximando da temática da constipação intestinal, pedindo que o paciente desenhasse o que acontecia dentro de seu corpo, de forma que ele se colocasse na posição de expectador de si mesmo.

No quarto encontro, Abel estava mais alegre, comunicativo, mas ainda evitava falar dos assuntos desagradáveis quando abordados de forma mais direta. Foram realizadas leituras de histórias infantis e jogos. Disse estar animado, porque, dentro de alguns dias, ia acontecer o "Dia da Família", um evento de sua escola. No quinto encontro, um novo livro infantil foi apresentado a Abel: "O que tem dentro da sua fralda?" (Genechten, 2011), que aborda a temática do desfralde de forma leve, lúdica e bem humorada, tratando a eliminação de fezes pelos personagens como algo natural e saudável. Novamente, Abel se envolveu com a proposta, leu e se divertiu, interagindo com os personagens. Quando a psicóloga tentou relacionar o conteúdo do livro com suas vivências cotidianas, porém permaneceu reticente em suas falas. Foi solicitado, então, que, quando estivesse em casa, buscasse observar a aparência de suas fezes e que as desenhasse, para compará-las com as dos personagens. Buscava-se, assim, provocar o desejo de defecar, que era o que tanto temia.

Abel chegou ao sexto encontro muito triste e choroso, devido a uma situação corriqueira que acabara de acontecer e o deixara chateado. Apesar de abalado emocionalmente, conversou com a psicóloga abertamente sobre o ocorrido, o que lhe deixou mais calmo e aliviado. Uma relação de maior proximidade e confiança entre ele e a psicóloga começava a se estabelecer. Envolveu-se em tudo o que lhe fora proposto nesse dia, brincou, desenhou e fez novas leituras, saindo alegre ao término do encontro. A psicóloga mostrou-lhe o próximo livro que seria abordado: Pollyanna, de Eleonor Porter (2005), uma versão adaptada para o público infanto-juvenil de um clássico da literatura universal, que conta a história de uma menina órfã que tem um jeito positivo de ver a vida. Acordou-se que o livro seria lido no encontro seguinte.

No sétimo encontro, foi iniciada a leitura do referido livro. Dessa vez, Abel preferiu escutar enquanto a psicóloga lia para ele. Ao ler sobre o "jogo do contentamento", que era uma estratégia utilizada pela personagem principal para lidar com situações dolorosas, a psicóloga o provocou a pensar em como ele poderia fazer o mesmo em relação à sua constipação intestinal. A estratégia consistia em buscar maneiras de, por meio de pensamentos positivos, encontrar alegria nas situações negativas. Não tendo emitido uma resposta, a psicóloga propôs: E se você ficasse alegre com o fato de que sua "fábrica" funciona bem, já que produz cocô? Abel continuou calado e ficou pensativo.

Nesse mesmo encontro, Abel devolveu à psicóloga o livro que ela havia emprestado na primeira consulta para que a mãe lesse com ele e o irmão em casa: "Quando a mamãe ou o papai morre". Não quis, entretanto, falar sobre o assunto. A mãe havia relatado à psicóloga, em atendimento realizado algumas semanas após o início do processo, que não tinha conseguido realizar o que fora proposto. Porém, pouco tempo antes da devolução do livro, ela relatou que, após novas tentativas, estava conseguindo fazer a leitura com os filhos e que isso tinha favorecido que eles conversassem abertamente sobre a morte do pai. Isso permitiu que a mãe pudesse compreender qual o entendimento e os sentimentos dos filhos a esse respeito, de maneira a poder orientá-los e confortá-los.

A psicóloga pediu a Abel que levasse ao encontro seguinte fotos do pai para mostrar a ela, e ele se animou com a ideia. No oitavo e no nono encontros, entretanto ele disse ter se esquecido de levar as fotos do pai e se mostrou interessado na continuidade da leitura do livro Pollyanna, que perdurou ao longo desses dois encontros. Ficou especialmente atento quando surgiu um novo personagem na história que também era órfão. Aproximou-se mais da psicóloga a partir dessa fase da Psicoterapia, de forma que ele passou a buscar, pelas primeiras vezes, algum contato físico com ela, como quem busca um abraço.

As fotos do pai foram trazidas por Abel no décimo encontro, quando, junto com a psicóloga, espalhou-as cuidadosa e organizadamente pelo chão do consultório, para que pudessem ser todas vistas simultaneamente. Dessa vez, ele não mais se esquivou e falou do pai de forma espontânea, contando sobre suas vivências alegres junto a ele. No décimo primeiro encontro, Abel contou sobre situações que estava vivendo em casa e na escola, nas quais estava praticando o "jogo do contentamento". Já tinha o semblante mais alegre e suave, e não mais triste ou abatido como antes.

Foi no décimo segundo encontro que Abel admitiu estar se sentindo bem e que tudo estava bem em sua vida. Disse que não tinha mais problemas com o cocô. Em casa, desenvolveu um novo hobby, estava colorindo pedras com o irmão. Novos desenhos e esculturas com massa de modelar foram feitos durante o atendimento, retratando sua "fábrica de cocô". Divertiu-se fazendo isso, com a satisfação de que o problema estava superado. Em atendimento à mãe, ela confirmou que Abel já não estava mais apresentando constipação intestinal e que tudo em casa estava mais calmo, embora ainda se preocupasse com o fato de o filho chorar facilmente, mesmo devido a coisas banais.

Discussão dos dados centrais

Os encontros que se seguiram após o primeiro mostraram-se extremamente significativos, nos quais se utilizou do humor para fins terapêuticos, mobilizando a capacidade especificamente humana de autodistanciamento do paciente. Esta se manifestava quando Abel conseguia rir de si mesmo, ainda que muitas vezes por meio de projeções de sua imagem refletida nos personagens. E na medida em que ria de si, o paciente mudava de postura perante si mesmo, seu sofrimento e as circunstâncias que o envolviam, confirmando a premissa de Frankl (2011) de que o autodistanciamento se manifesta não apenas por meio do heroísmo, como também pelo humor.

A leitura com efeitos terapêuticos, ou biblioterapia, que tem sido amplamente utilizada na Logoterapia, tornou-se um recurso muito rico ao longo desses encontros. Como afirma Garcia Pintos (1996), por esse meio, há possibilidade de o leitor se aproximar do testemunho vivencial dos personagens de tal forma que isso o estimule para a descoberta do sentido da sua própria situação de vida. É certo que as histórias apresentam situações resolvidas de maneira peculiar, mas podem desencadear no leitor respostas próprias que façam frente aos questionamentos da vida. Isso pôde ser observado em Abel, quando ele passou a "jogar o jogo do contentamento" em seu cotidiano, desenvolvendo, assim, uma nova atitude diante das situações de sofrimento. Estimulado pela leitura, ele estava aprendendo a encontrar sentido em seu sofrimento (Frankl, 1973).

Percebe-se que os recursos noológicos ligados ao autodistanciamento (Ortiz, 2013; Ortiz *et al.*, 2015) estavam sendo colocados em ação de diversas formas ao longo do processo terapêutico. Embora muitas vezes Abel não utilizasse a fala para expressar seus pensamentos e sentimentos, ele o fazia usando gestos, expressões faciais, desenhos e em sua forma de brincar e se vincular. Era perceptível que crescia em "autocompreensão", que é a capacidade de se ver criticamente e assumir nova atitude (Ortiz, 2013; Ortiz *et al.*, 2015). Ao se buscar incentivar que Abel, em vez de fugir da situação temida (fazer cocô), passasse a tratá-la como natural ou até mesmo desejá-la, estava-se provocando sua "autorregulação", ou seja, sua capacidade de se opor à necessidade de evitar o mal-estar (Ortiz, 2013; Ortiz *et al.*, 2015). Com ajuda dos diversos personagens das histórias utilizadas, acionou-se também o recurso de "autoprojeção", que se refere à possibilidade de se ver diferente no futuro (Ortiz, 2013; Ortiz *et al.*, 2015), ajudando Abel a acreditar em sua capacidade de superação e de encontrar motivos de alegria na vida.

A estratégia utilizada pela psicóloga de fazer com que Abel desejasse defecar, para que pudesse observar e desenhar o formato de suas fezes para compará-las a dos personagens do divertido livro infantil, baseou-se no mesmo princípio da técnica logoterápica da intenção paradoxal, por meio da qual Frankl (1973, 1991, 2011, 2016) instigava seus pacientes a desejarem precisamente aquilo que tanto temiam, utilizando-se do humor. Dessa forma, era possível romper o círculo vicioso da angústia, provocando uma inversão da intenção. "Ora, mobilizar a capacidade humana do autodistanciamento constitui basicamente o mérito da intenção paradoxal" (Frankl, 2011, p.135).

Momentos finais

Foram realizados mais seis encontros, décimo terceiro a décimo oitavo, que constituíram a fase final da psicoterapia. Entre o décimo quarto e o décimo quinto, houve ausência de Abel por algumas semanas, devido à dificuldade da mãe em levá-lo por motivo de compromissos de trabalho. Nesse período, a criança apresentou em casa pequena piora em relação ao choro excessivo, que foi rapidamente superado quando retornou aos encontros terapêuticos, segundo a mãe. O paciente se mostrou, nesses últimos encontros, bem mais tranquilo, comunicativo e criativo. Interagia cada vez mais com a psicóloga e com outras pessoas de fora, conforme a mãe relatou. Apresentou crescente interesse em se envolver em atividades diversas, dentro e fora do consultório, especialmente atividades de construção. Teve boa reação na despedida da psicóloga para encerramento do processo terapêutico, mostrando-se seguro e confiante.

Discussão dos dados finais

Pôde-se observar que, na medida em que se aprofundava o vínculo terapêutico entre Abel e a psicóloga, os resultados da Psicoterapia passaram a ser mais visíveis. Apreendeu-se que o que importa na Psicoterapia não são tanto as técnicas, mas sim a relação humana, o encontro pessoal que se estabelece entre terapeuta e paciente. Como afirma Frankl (1991), um enfoque puramente tecnológico à Psicoterapia pode bloquear seu efeito psicoterapêutico. O caminho metodológico trilhado com Abel retratou a equação frankliana $\Psi = x + y$, na qual x representa a unicidade e a singularidade da personalidade do paciente e y a personalidade não menos única e singular do terapeuta (Frankl, 1991).

Constatou-se, ao término da psicoterapia com Abel, que o espaço clínico facilitou o processo de autoconsciência reflexiva e permitiu a expressão do espiritual na criança, diluindo as expressões sintomáticas do organismo psicofísico (Sánches, 2009). Isso pôde ser constado pela maneira criativa como ele se apresentou nos últimos encontros, em que se voltava mais para brincadeiras de construção e se apresentava de forma mais aberta para as relações e para as possibilidades de concretização de valores em sua volta. A criatividade humana é um fenômeno multifacetado, mas essencialmente espiritual, manifesta-se como reflexo da mobilização da autotranscedência. Frankl (2011) afirmou que a criatividade é um fenômeno humano que se orienta para os valores e para o sentido. Vê-se, portanto, que a capacidade autotranscendente constitutiva da existência humana de dirigir-se e ordenar-se a algo ou alguém além de si mesmo, foi mobilizada em Abel por intermédio da Logoterapia.

Considerações finais

O processo psicoterapêutico construído com Abel foi peculiar, resultante de variáveis relacionadas à sua personalidade única e à personalidade igualmente única da logoterapeuta. Diversos recursos foram utilizados para facilitar o autodistanciamento e a autotranscendência, como o uso de jogos, desenhos e especialmente a biblioterapia. Pôde-se constatar que o espaço clínico centrado no sentido promoveu a diluição dos sintomas psicofísicos e a expressão do espiritual na criança, resultados que se manifestaram pela objetiva superação da problemática inicialmente apresentada, bem como pela espontaneidade e criatividade crescentes observadas no comportamento de Abel.

Referências

Azevedo, D. C. (2002). Análise situacional ou psicodiagnóstico infantil: uma abordagem humanista-existencial. Em: Angerami-Camon, W. A. (org). *Psicoterapia Fenomenológico-Existencial*. São Paulo: Pioneira Thomson Learning.

Frankl, V. E. (1973). *Psicoterapia e sentido da vida*. São Paulo: Quadrante.

Frankl, V. E. (1991). *A Psicoterapia na prática*. São Paulo: Papirus.

Frankl, V. E. (2011). *A vontade de sentido:* fundamentos e aplicações da Logoterapia. São Paulo: Paulus.

Frankl, V. E. (2016). *Teoria e Terapia das Neuroses.* Revisão técnica de Heloisa Reis Marino. São Paulo: É Realizações.

García Pintos, C. (1996). *A Logoterapia em contos:* o livro como recurso terapêutico. São Paulo: Paulus.

Genechten, G. von (2011). *O que tem dentro da sua fralda?* São Paulo: Brinque-book.

Grippo, D. (2009). *Quando mamãe ou papai morre:* um livro para consolar as crianças. São Paulo: Paulus.

Kroeff, P. (2012). Logoterapia e superação de evento traumático em uma criança. *Logos & Existência: Revista da Associação Brasileira de Logoterapia e Análise Existencial, 1*(2), 173-178.

Mesquita, F. (2007). *A incrível fábrica de cocô, xixi e pum.* Ilustrações de Fabio Sgroi. São Paulo: Panda Books.

Ortiz, E. M. (2013). *Manual de Psicoterapia com enfoque logoterapéutico.* Bogotá: Manual Moderno.

Ortiz, E. M.; Rodríguez, J.; Castillo, J. P. D. del; & Pacciolla, A. (2015). *Vivir a la manera existencial:* aportes para uma Logoterapia clínica. Bogotá, Colombia: Sociedad para El Avance de La Psicoterapia Centrada en El Sentido.

Porter, E. (2005). *Pollyanna.* Adaptação de João Anzanello Carrascoza. São Paulo: Ática.

Sánches, C. M. (2009). Aportes a la Psicoterapia com niños: orientando hacia el sentido de la vida. In S. S. Valiente. (Ed.), *Logoterapia em acción: aplicaciones práticas* (pp. 291-332). Buenos Aires: San Pablo.

Oaklander, V. (1980). *Descobrindo Crianças:* A abordagem gestáltica com crianças e adolescentes. São Paulo: Summus.

Parte 3

A LOGOTERAPIA COM ADOLESCENTES

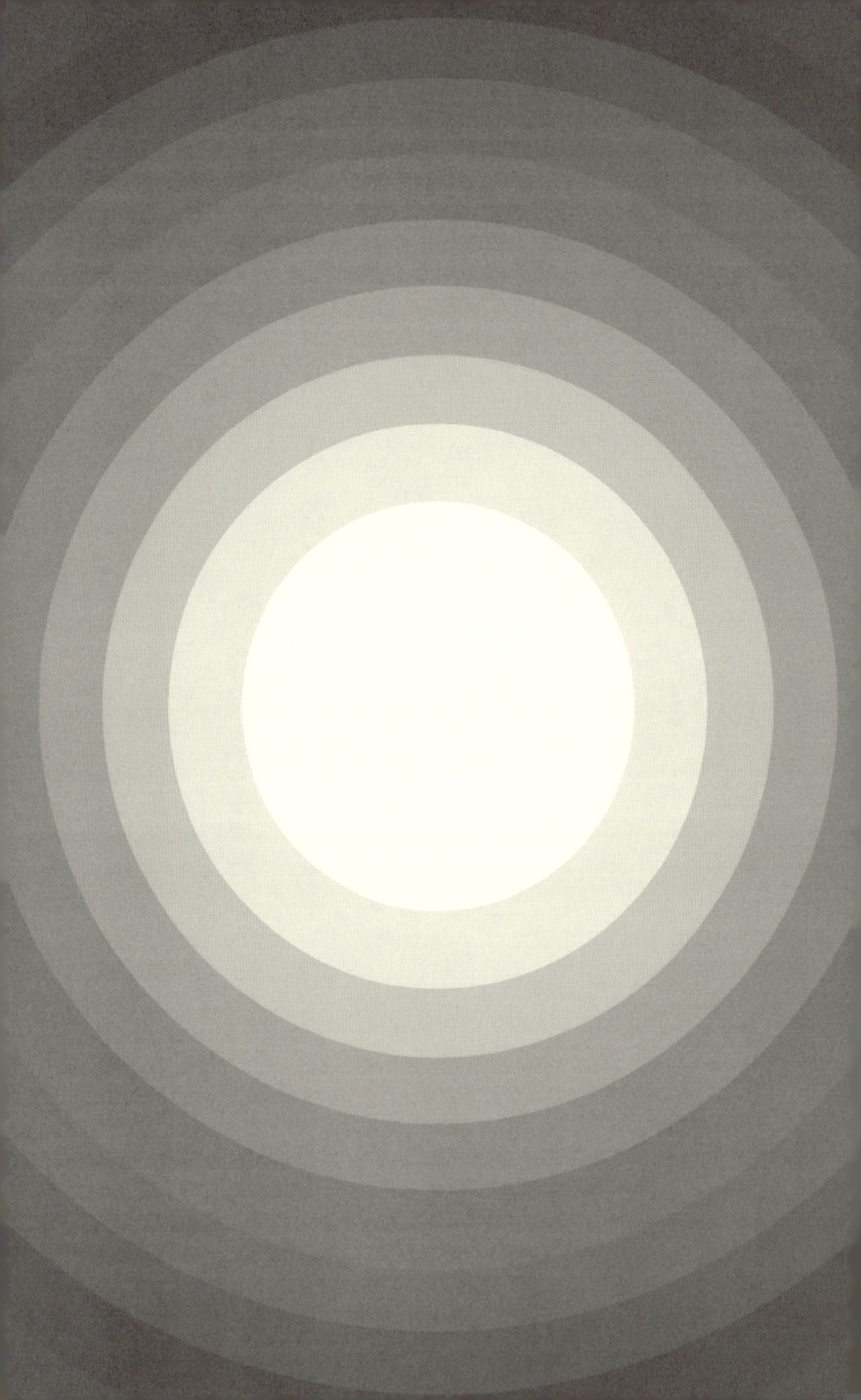

CAPÍTULO 9

Encontro existencial e valores no contexto adolescente: relato de caso clínico logoterapêutico

Ana Paula Zeferino Rennó
Lorena Bandeira Melo de Sá

Este capítulo relata um acompanhamento psicológico para adolescente, guiado pela Logoterapia e Análise Existencial, com enfoque em autoestima e autoconceito, que, enquanto percepção de si mesmo, são importantes fatores para o bem-estar psicológico, em especial, no contexto adolescente, tendo em vista todo o processo de elaboração identitária. (Ramos, 2017). A partir disso, o caso a seguir reflete bem como trabalhar autoestima no contexto adolescente, a partir de uma perspectiva logoterapêutica focada no processo de autodistanciamento e autotranscendência.

Neste caso, a adolescente é a Clara, nome fictício para preservar a identidade da paciente, no início do processo terapêutico, estava com 13 anos. Estudante de um colégio particular, cursava o 8° ano e morava com os pais. Tem 2 irmãos por parte da mãe, mas eles não moram com ela. Foi o primeiro processo terapêutico. Primeiramente, sua mãe fez o atendimento inicial trazendo as demandas da filha e, como motivo principal, a automutilação. Esteve em atendimento psicoterápico por 3 anos. Segundo a mãe, sua autoestima era baixa e vivia constantemente isolada e sem amigos. Tinha pensamentos suicidas e não fazia uso de medicação.

O vínculo no processo terapêutico

O processo vincular é extremamente importante na perspectiva logoterapêutica. A base é o encontro existencial, a partir da compreensão frankliana de que o que "cura" o paciente é o vínculo. Uma expressão autêntica na relação entre terapeuta e consultante é essencial. (Frankl, 2019).

No entanto, muitas vezes, as crianças e adolescentes não vêm à terapia por um desejo pessoal, mas por imposição dos pais. Logo, é necessário ao logoterapeuta trabalhar com essa criança ou adolescente acerca da sua motivação pessoal naquele espaço.

Aos poucos, Clara foi vinculando-se. Era perceptível que já tínhamos construído, ao longo dos primeiros meses, uma relação de confiança. Clara começou trazer seus pensamentos acerca do mundo e dela mesma. Trazia para o consultório um relato do final de semana, ou uma foto que gostaria de mostrar e, até mesmo, seus desenhos preferidos. Apesar de ser bastante tímida e calada, já estava demonstrando estar mais à vontade ali comigo no consultório.

Quando foi perguntado para Clara o motivo para terapia, ela disse que não tinha nenhum motivo, mas foi obrigada pelos pais para estar ali no consultório. Foi feito um acolhimento sem juízo de valor para que ela se sentisse à vontade naquele espaço e também para proporcionar o vínculo terapêutico.

A *epoché*, conceito fenomenológico que pressupõe a suspensão axiológica, deve ser uma premissa considerada no atendimento logoterapêutico, sobretudo, com adolescentes, para que estes não se sintam julgados ou incompreendidos (Quintiliano, 2020).

Com alguns meses de terapia, o vínculo foi estabelecido e Clara já identificava o motivo de fazer terapia. Tomou consciência de si mesma e percebeu o quanto vinha anulando-se na sua existência. Trazia o vazio existencial e seu humor estava cada vez mais alterado. Sentia muita angústia e pensamentos suicidas. Continuava automutilando-se. Estava sempre de blusa de manga comprida para esconder as marcas dos cortes que fazia nos braços. Ela dizia que se cortava, pois a dor que sentia era tão forte que se machucava até sangrar para diminuir a dor da sua existência. Tinha conhecimento que estava machucando-se, mas não conseguia parar. Quando se via em situações difíceis com os pais e com o desempenho escolar cada vez pior, deprimia-se mais.

Segundo Cavalcanti e Sá (2018), a vulnerabilidade percebida entre crianças e adolescentes pode gerar atitudes inautênticas, por não ter seu processo de maturação completo e, assim, por vezes, não ser possível a expressão plena da pessoa, essa se encontra à mercê da situação, o que pode gerar nela atitudes errôneas ou também a apatia e falta de atitude frente às situações, deixando, apenas, levar-se por elas.

Dessa forma, o desenvolvimento psicofísico pode ser comprometido. Além disso, a desestruturação familiar ou desagregação da família pode gerar na criança ou no adolescente um sentimento de solidão, levando ao extremo desespero, que pode manifestar-se por meio da automutilação ou suicídio.

Frankl (2005) apresenta que a agressividade (que pode se configurar contra si) e suicídio são expressões de vazio existencial, que, segundo Carvalho (1998), são caracterizadas por uma angústia patológica, desmedido temor ao sofrimento, renúncia de si e dos projetos, niilismo.

Torna-se necessário, como prevenção ao suicídio e ao vazio existencial, estimular as potencialidades do consultante, a partir do autodistanciamento e autotranscendência.

No caso de Clara, foi trabalhado dinâmicas para autoconhecimento e autoestima e, por intermédio do diálogo socrático, refletido como ela se via e se percebia. Ela era muito calada e quando falava sua voz era bem baixinha. Muito tímida, dificilmente, comunicava-se na linguagem. Parecia ter medo de se expor.

Aos poucos, ela foi abrindo-se e trazendo suas angústias existenciais. Como gostava muito de desenhar, trazia seus desenhos para refletirmos sobre os seus sentimentos. Foi convidada também a escrever como recurso terapêutico, colocando como se sentia para que conseguisse acessar seu ser noético.

Então, por meio de desenhos, contos, fábulas e letras de músicas que ela gostava, foi trabalhado o autodistanciamento e autotranscendência.

Os pais foram convidados para refletirmos sobre a dinâmica da família e como poderiam aproximarem-se para o diálogo com sua filha. Na visão deles, ela era ainda uma criança, porém, já trazia sinais da mudança de comportamento da criança para a adolescência, demonstrando interesse afetivo e sexual próprio da adolescência, e isso foi preciso refletir com eles.

Participação dos pais

O processo terapêutico com crianças ou com adolescentes dá-se a partir de encontros com os pais ou responsáveis e com a escola. É importante conscientizar os responsáveis sobre o comprometimento deles na Psicoterapia do seu filho(a).

Com base na ontologia do ser humano, Aguiar (2015, p.195) traz que "a perspectiva de ser humano não nos permite compreender a criança fora de seus contextos (...)". Portanto, conhecer a história familiar, seus costumes e crenças nos ajuda a compreender melhor o comportamento da criança e do adolescente. Nesse sentido, é importante também conhecermos o contexto escolar para, assim, compreender melhor sobre o desenvolvimento das relações sociais e acadêmicas do consultante.

Então, ao longo do processo terapêutico de Clara, foram possíveis vários encontros com os pais e também deles com a presença dela, ao longo dos 3 anos de psicoterapia. Em um dos encontros, refletindo sobre o processo terapêutico da Clara, foi preciso conscientizá-los da importância de uma avaliação psiquiátrica, pois ela demonstrava um quadro depressivo. A mãe não aceitou e pediu para esperarmos mais de 2 meses para ver se ela melhorava. Responsabilizei-a por essa decisão, porque, na minha visão, e na visão do pai, seria importante essa avaliação médica naquele momento.

A mãe era bastante autoritária e dominadora. O pai cuidadoso e consciente das questões da filha, mas bastante ausente por causa do trabalho.

Sua mãe foi incisiva e não concordou com a avaliação médica, mesmo relatando que, na semana que se passou, Clara havia atrasado-se para sua sessão de terapia, pois, como o consultório ficava no décimo andar de um prédio, Clara permaneceu um tempo próxima da janela do corredor dos elevadores, pensando em pular para se matar, segundo ela mesma relatou. De acordo com Clara, como ela havia combinado comigo o nosso encontro para aquela sessão, resolveu não faltar. Com isso, além dos pensamentos, também, iniciaram-se as tentativas de suicídio.

A evolução do caso

Os atendimentos semanais de 50 minutos continuaram. Clara foi conectando-se com ela mesma e se descobrindo como pessoa. Por intermédio dos contos e análises de filmes e séries que ela trazia, foi sendo resgatada a sua identidade e começou a se posicionar. Ainda com sintomas depressivos, pedi para agendar com os pais depois dos 2 meses que combinamos para uma consulta médica. Percebia a necessidade da avaliação por causa da depressão e do comportamento autodestrutivo.

Então, após dois meses do último encontro com os pais, agendamos um horário com eles e Clara. Foi uma sessão difícil, mas Clara conseguiu posicionar-se, mostrando a eles o quanto estava sofrendo com a depressão.

Clara foi avaliada por um psiquiatra de confiança com depressão moderada. Foi introduzido antidepressivo e recomendado a continuidade da psicoterapia.

Alguns meses se passaram e ela demonstrou uma melhora no quadro depressivo, mas o contexto familiar sofreu a separação dos pais e ela sentiu-se abandonada, sozinha. Não sentia que tinha cuidados, principalmente afetivos por parte de seus responsáveis.

Ela ainda trazia pensamentos de morte e relatava como faria. Pensou em tomar todos os remédios da caixa ou pular de um prédio. Nessa sessão, confrontei-a dizendo que seria uma pena ela morrer, pois eu sabia de tantas coisas que ela gostaria de realizar e não seria possível. Naquele momento, ela se deu conta de muitas coisas que gostaria de fazer e de lugares que gostaria de conhecer e, assim, estabeleceu um propósito para o seu existir e realizar seus sonhos.

O processo de reconhecer oportunidades em seu futuro e colocar-se visualmente nelas, caracteriza o recurso noético da autoprojeção. Ela é considerada, por Martinez (2012), como centro da mudança, uma vez que, projetando-se em uma situação diferente da que se encontra, o sujeito percebe possibilidades, não só no mundo, mas em si. Conforme Pereira (2013) aponta toda decisão é uma autodeterminação. Peter (1999) aponta que uma das premissas franklianas necessárias no processo logoterapêutico é o sujeito reconhecer sua capacidade de determinar a si mesmo e, para isso, a capacidade autoprojetiva é necessária.

Foi agendado com os pais novamente, mas agora era preciso ser de forma individual, ou seja, uma sessão com a mãe e outra com o pai, pois não admitiam estar juntos no mesmo lugar por causa do divórcio.

O contexto familiar de Clara estava muito difícil. Em uma sessão, pedi para ela escrever qual era o seu problema. Ela escreveu que era sobre os estudos. Refletimos sobre isso e apelei perguntando a ela se era só esse problema que ela trazia, ela disse que também tinha o problema com sua mãe, mas que não adiantava nada escrever sobre isso. Refletimos sobre isso e disse a ela sobre a importância do seu posicionamento e da sua atitude diante do desafio da relação com sua mãe.

Ela trouxe que sua mãe conversou com ela a respeito do encontro que tivemos quando relatei sobre os pensamentos suicidas. A mãe disse que era para ela só falar coisas boas e contentes na terapia e não mais falar de coisas tristes. Refletimos sobre isso e ela me disse que isso não tem sentido para ela. Seu pai também conversou com ela, mas foi no sentido de como ele podia ajudá-la nessa fase difícil e ela disse que não sabia.

Em uma outra sessão, Clara chegou muito calada, com respostas curtas. Pedi que escrevesse sobre sua autoestima. Não conseguiu. Fiz algumas perguntas norteadoras como: "Gosto de mim quando..."; "o que preciso fazer para melhorar minha autoestima?". Ela escreveu com muito sacrifício. Porém, ao final, pôde expressar-se por meio da escrita.

A separação dos pais foi muito difícil para ela. Percebia ela muito triste. Não conseguia lidar com seus sentimentos. Não sabia responder como estava. Uma vez me falou que deveria ser bipolar, pois seu humor mudava bastante. Refletimos sobre isso. Eu a percebia muito depressiva, mesmo com o uso do remédio. Trouxe que se sentia vazia e que ainda tinha vontade de morrer. Não se automutilava mais, mas o vazio continuava lá.

Fizemos uma dinâmica para que ela pudesse se conhecer, então pedi para que ela escrevesse as frases e as completasse com seus sentimentos. A primeira pergunta era: "Minha vida é...". Ela respondeu: "*inútil*" e as demais perguntas questionavam por que precisava responder aquilo, alegando não ter respostas e que não tinha sentido, apresentava um niilismo acerca de si.

Em outra sessão com a mãe, ela trouxe que Clara tinha que se mostrar feliz e forte na sua vida. Precisei fazer um caminho com a mãe para que ela pudesse olhar para sua filha e acolher o sofrimento que estava passando. Foi um longo processo com essa mãe.

Clara não se sentia amada. Ficava, muitas vezes, sozinha em casa e um dia tentou se esfaquear. Contou ter pego uma faca da cozinha para cortar seus pulsos e afirmou que ninguém iria sentir falta dela. Essa fala já mostra o quanto se sentia sozinha e abandonada. Ela trouxe esse relato com muito pesar, pois, apesar de ter vontade de "sumir", também tinha consciência de que a vida poderia valer a pena, apesar de tudo.

De acordo com seu processo terapêutico, Clara foi tomando o seu lugar de protagonista da sua história. Foi aprendendo a se posicionar como pessoa livre e responsável diante de suas escolhas, melhorando, assim, sua autoestima. Valorizava a si mesma e já conseguia relacionar-se com os colegas da escola. Foi descobrindo o sentido de sua vida por meio dos valores: Valores Atitudinais, tomando atitudes de posicionamento frente ao seu sofrimento; Valores Vivenciais, a partir do seu interesse em fazer amizades e se relacionar de forma livre e responsável; Valores Criativos, a partir de seus desenhos e, também, do gosto por fotografias, assim, interessou-se a fazer um curso de fotografia.

Clara foi conhecendo-se ao longo do processo terapêutico e já trazia seus propósitos para sua vida. Foi trabalhado, também, o projeto de vida, no qual refletíamos sobre o que ela gostaria de ser, sua história de vida e como encontrar sentido na vida, mesmo no sofrimento.

Fechamento

Aos poucos, ela foi conectando-se com ela mesma. Foi descobrindo-se como pessoa única e irrepetível. Começou a sair com os amigos e sua autoestima começou a melhorar.

Refletíamos sempre que ela não podia mudar aquilo que era colocado em sua vida. Não podia mudar seus pais, não podia controlar as situações de desconforto em que principalmente a mãe a deixava, mas que podia, na sua liberdade de escolha, tomar uma atitude de como gostaria de passar por todos aqueles sofrimentos, como a rejeição que sentia da mãe, a separação dos pais, a solidão, enfim, ela podia escolher como iria passar por todos os desafios na liberdade com responsabilidade.

Aos 16 anos, já se sentia melhor com ela mesma. Conseguia dizer sim à vida, apesar de tudo e, aos poucos, foi sendo retirada a medicação por meio do acompanhamento médico. Pôde perceber que poderia ter um outro olhar para sua história e que tinha muitos propósitos para realizar e que valeria a pena viver para experimentar e, assim, ela recebeu alta da psicoterapia.

Dessa forma, a partir desse caso clínico relatado, é possível perceber a viabilidade do atendimento com adolescentes, no que tange ao processo de percepção identitária e processo de autoestima e autoconceito saudável em uma perspectiva logoterapêutica, tendo por base o olhar para as potencialidades e valores. O vínculo, relação com pais e o uso de técnicas específicas auxiliam o processo de atendimento a partir do encontro existencial, contribuindo, assim, não só para a evolução do quadro, mas para a alta do consultante.

Referências

Aguiar, L. (2015). *Gestalt-terapia com crianças: teoria e prática*. (3 edição). São Paulo: Summus.

Cavalcanti, E. G. SÁ, L. B.M. (2018) A inautenticidade como fator de risco para o suicídio na infância. IN: SÀ, L. B. M. LIMA, U. A. J. *Logoterapia e suicídio: a busca de sentido como prevenção ao vazio existencial*. João Pessoa: Ideia.

Frankl, V. E. (2019) *A Psicoterapia na prática: uma introdução casuística para médicos*. Petrópolis: RJ: Vozes.

Frankl, V. E. (2005) *Um sentido para a vida: Psicoterapia e humanismo*. Aparecida, SP: Ideias e Letras.

Frankl, V. E. (2003) *Psicoterapia e sentido da vida: fundamentos da Logoterapia e Análise Existencial*. São Paulo: Quadrante.

Martinez, E. O. (2012). *El dialogo socrático en la Psicoterapia*. Bogotá: SAPS.

Peter. R. (1999) *Viktor Frankl: a antropologia como terapia*. São Paulo: Paulus.

Pereira, I. S. (2013) *A ética do sentido da vida: fundamentos filosóficos da Logoterapia*. Aparecida, SP: Ideias e Letras.

Quintiliano, A. (2020) *Natureza e liberdade em Husserl: epoché e constituição do mundo*. Rev. Ética e filosofia política. Num. XXIII; vol. I; junho de 2020.

Ramos, M. M. (2017). *Autoestima, autocompaixão e bem-estar psicológico na adolescência*. Dissertação de mestrado. Universidade de Lisboa.

CAPÍTULO 10

Ideais, ideologias e ídolos como oportunidades no trabalho logoterapêutico com adolescentes

Ana Clara Dumont

A afirmação de que "todo adolescente é rebelde, impulsivo e incompreensível" já está tão enraizada no senso comum que incita um pensamento reducionista a respeito de um ser humano em fase de transição, que vive grandes transformações – físicas e psíquicas – e a descoberta de identidade. Esse modo reducionista de conceber a adolescência pode embaçar nossa visão, impedindo de enxergarmos o adolescente de maneira profunda e verdadeira, menosprezando ou até anulando sua identidade, valores, ideais e belezas.

Anna Freud, conforme Griffa e Moreno (2011), caracteriza a vida do adolescente como flutuante, com opostos e oscilações entre tendências que se contrapõem, por exemplo, o fato de se mostrarem excessivamente egoístas e se colocarem como o centro do universo, com foco em um único objeto de interesse que mostra, ao mesmo tempo, paradoxalmente, potencial para a generosidade, sacrifícios e devoção.

Nessa perspectiva, Anna Freud descreve os principais mecanismos de defesa utilizados pelo adolescente para o controle do aumento da atividade pulsional na puberdade, dos quais, enfatizamos a intelectualização:

> (...) o jovem leva para o plano da discussão teórica aquilo que é um conflito afetivo interno. Assim, por exemplo, interessa-lhe discutir sobre o papel do Estado ou sobre as diversas ideologias

> políticas, ocultando, com esse interesse intelectual no debate político, seu conflito pessoal com a autoridade, ou melhor, fundamentalmente, conflito com seus pais. Falar sobre as qualidades ou problemas de um Estado forte ou fraco ou da sua ausência é um modo de transferir ou deslocar a discussão sobre a aceitação ou não da autoridade paterna. O adolescente adere a ideais ou ideologias, até mesmo com fanatismo, como uma saída mais aceitável, em termos sociais ou pessoais, para suas energias agressivas ou sexuais. (Griffa & Moreno, 2011, p.11)

Viktor Frankl, porém, alerta-nos de que sentidos e valores não são meros mecanismos de defesa:

> (...) eu não estaria disposto a viver por meus 'mecanismos de defesa'. Tampouco estaria pronto a morrer simplesmente por amor às minhas 'formações reativas'. O que acontece, porém, é que o ser humano é capaz de viver e até de morrer por seus ideais e valores. (2008, p. 125)

Portanto, as diferentes manifestações da inquietação juvenil podem sinalizar uma lacuna, uma falta, um distanciamento, mas também podem indicar abertura, desejo, intenção e esforço para conquistar um objetivo, uma vontade de autenticidade, uma vontade de futuro e de sentido (Bruzzone, 2011).

Levando-se em consideração a perspectiva frankliana, Julián Felipe Almario (2014) convoca o psicólogo para a responsabilidade de analisar o adolescente para além da fase em que se encontra, sendo preciso, acima de tudo, compreendê-lo de modo a alcançar o seu eu mais profundo, a sua subjetividade.

Como psicóloga clínica, escolhi olhar para o adolescente sob o prisma da Logoterapia, fazendo uso de uma lente positiva, sem perder de vista os contextos de vulnerabilidade na adolescência, respeitando e acolhendo seus ideais, ideologias e ídolos, além de utilizá-los como oportunidade para estreitar o vínculo terapêutico, adentrar no seu mundo particular e trabalhar desde suas queixas, angústias, até patologias.

Ao falarem de seus ídolos ou de movimentos que representam suas ideologias, as adolescentes dos três casos mencionados neste texto trouxeram muitas identificações e admirações, projetaram suas angústias e desejos mais íntimos e tiveram a oportunidade de realizar o autodistanciamento conforme referido por Frankl (2011), ou seja, foram capazes de distanciar-se não apenas de uma situação, mas de si mesmas, escolhendo uma atitude, conseguindo tomar posição e colocando-se de modo ativo diante de seus condicionamentos psíquicos e biológicos.

Além disso, algumas das propostas de trabalho sugeridas a cada uma delas foram convites à autotranscendência, já que se basearam na intenção de um encontro por meio da criação de produções (artísticas e/ou literárias) a fim de ajudar outros pacientes que passassem por situações semelhantes, o que reforça a ideia de que, para Frankl (2011), "o homem vive por seus ideais e valores, e a existência humana não é autêntica, a menos que seja vivida de maneira autotranscendente." (p. 69)

Os conceitos de liberdade e responsabilidade permearam os atendimentos citados para trazer à luz a necessidade de estarem correlacionados e a ideia de que, quanto mais responsável uma pessoa é (ou, no caso dos adolescentes, com quanto mais responsabilidade eles atuam frente aos pais, aos professores e à sociedade), mais livre ela será para realizar suas escolhas, levando-se em consideração o significado de responsabilidade para Frankl:

> "A responsabilidade do homem, consciencializada, assim, pela análise da existência, é uma responsabilidade em vista da irrepetibilidade e do referido 'caráter de algo único' da sua existência; a existência humana é um ser-responsável em vista da sua finitude. (...) Dentro do seu espaço de destino como que exclusivo, o homem é insubstituível. E é esta insubstituibilidade que gera a sua responsabilidade pela configuração do seu destino. (...) O seu destino não se repete. Ninguém tem as mesmas possibilidades que ele, nem ele próprio as volta a ter." (2010, p. 119 e 120)

A realização de Valores Criativos, ou seja, aquilo que o homem pode oferecer ao mundo por meio de suas obras ou criações (Frankl, 2011), também se fez presente no processo psicoterapêutico de cada caso. Por meio de desenhos, pinturas, escrita e contação de histórias – respeitando os talentos individuais, vontades e predisposição de cada uma –, as adolescentes foram descobrindo o sentido de cada situação e também sua identidade.

Juliana e o divórcio dos pais do vocalista da sua banda preferida

Os ídolos musicais costumam gerar grandes paixões e fanatismos. Juliana, nome fictício, era uma garota de 15 anos que estava com muita dificuldade na escola, a ponto de repetir o ano letivo, com hipótese de Transtorno do Déficit de Atenção e Hiperatividade (TDAH). Os pais haviam buscado apoio por recomendação da escola, a fim de avaliá-la para confirmação do diagnóstico e emissão de um relatório que a ajudaria a não perder o ano letivo. A adolescente, porém, passava por um processo de divórcio dos pais, sendo que, toda vez que o tema era abordado nos atendimentos, ela chorava e dizia que não queria falar sobre isso. Era muito fã da banda inglesa *One Direction* e, curiosamente, quando esse era o assunto, a dificuldade de concentrar-se desaparecia, tanto que já havia lido vários livros dos artistas.

A paciente, então, foi submetida a uma avaliação psicológica em que não pôde ser confirmada a hipótese diagnóstica de TDAH. Ao contrário, a avaliação reafirmou que o caos produtivo em que se encontrava poderia ser ocasionado por uma perturbação emocional, o que requeria um acompanhamento psicoterápico para o acolhimento e alívio de suas angústias e, consequentemente, o reacender da sua capacidade produtiva.

Em uma das sessões, Juliana contou que se identificava com Harry Styles, um dos músicos da banda que apreciava, porque ele também vivia a realidade da relação com pais separados. Nesse contexto, foi apresentado a ela um livro infantil que abordava a temática do divórcio, embora esclarecido que aquela obra era "infantil demais" para uma adolescente. Desse modo, foi proposto que ela produzisse um livro sobre a história do divórcio dos pais do cantor, abordando suas dificuldades, angústias e medos, para que pudesse ajudar outros adolescentes que, como ele, passassem pela mesma situação. Nesse caso, além do autodistanciamento e dos Valores Criativos, Juliana também teria a oportunidade de vivenciar a autotranscendência, isto é, apontar para algo, para além de si mesma.

Entusiasmada com a proposta, Juliana escolheu o título (Separação) e os subtítulos de cada capítulo de acordo com os temas que achou relevante abordar (O desastre; A culpa; E agora?; Vergonha; Mas, existe um lado bom?; Vida nova). Selecionou fotos do ídolo, escreveu os textos e diagramou as páginas usando um notebook. Foram várias sessões acompanhando a produção desse trabalho até que chegasse em sua conclusão, conforme apresentado na Figura 1. Durante o processo, a adolescente foi encontrando muitas semelhanças entre a sua história e a de Harry, pôde falar dos seus sentimentos, aproximando-os em sua identificação com o músico e enxergando até um "final feliz", o que ela deixa claro na frase final de sua obra: "Apesar de seus pais serem separados, isso não impediu que ele seguisse sua carreira e seus sonhos".

Figura 1 - Livro Separação

Fonte: Registro da autora a partir da produção da paciente.

Sem um relatório que confirmasse a hipótese de TDAH, a escola não pôde facilitar a aprovação de Juliana naquele ano letivo. Diante disso, foi trabalhada com ela a possibilidade de recolher o lado positivo dessa notícia – a ausência de uma psicopatologia e sua saúde mental preservada – e as consequências de tal situação: precisaria responsabilizar-se por seus estudos para a conquista almejada pelos seus pais e por ela mesma. Assim, mais duas noções fundamentais em Logoterapia foram abordadas e apeladas, a liberdade com responsabilidade.

Livre de um diagnóstico que a rotulou e reduziu por anos e de uma perturbação emocional, que pôde ser revelada e resolvida por meio de um trabalho de autodistanciamento, realização de Valores Criativos e exercício da autotranscendência, além de consciente e apropriada da responsabilidade sob o próprio destino, Juliana estudou – estudou muito –, passou de ano, recuperou sua autoestima e voltou a ter uma vida saudável para muito além das circunstâncias vividas em decorrência do divórcio dos seus pais.

Graziela, Harry Potter e a fantasia de uma vida de aventuras eterna

A saga de Harry Potter é uma referência constante quando se trata de ídolos dos adolescentes da atualidade. Isto é, para atender esse público, ter lido os livros, assistido aos filmes ou mesmo conhecer a história e os personagens criados por J. K. Rowling é, basicamente, um diferencial para a criação de vínculo terapêutico e para a compreensão das angústias e anseios dos adolescentes.

Não por acaso, foi essa saga que pautou grande parte do processo psicoterapêutico de Graziela, nome fictício,16 anos. Como queixa, referia baixa autoestima, insegurança, sensação de rejeição e de que a vida estava em um modo automático, muitos conflitos com os pais e falta de motivação e sentido na vida.

A garota identificava-se com Potter por não se sentir à vontade com sua família e por acreditar que davam preferência, na maioria das vezes, à irmã, como na história do bruxo que vivia na casa dos seus tios "trouxas" em um quarto minúsculo e isolado, preterido pelos tios e primo, sem saber sobre sua verdadeira história, sonhando com o dia em que iria se ver livre daquela situação e encontrar o seu lugar.

A paciente trazia um comportamento característico dos jovens da sua idade: o distanciamento, explicado por uma total falta de afinidades com os membros da sua família, além do sonho de que um dia teria sua própria casa, sua própria vida, tomaria suas próprias decisões.

Em paralelo, a expressiva identificação com os amigos também era um ponto em comum com a saga.

Tais sentimentos levavam a conflitos em casa, especialmente com os pais, que se queixavam que ela constantemente se defendia e se fechava para discussões e novas opiniões. A própria menina assumia (em consultório) que muito do que fazia ou discordava era exatamente para provocar os pais, mas que, se pensasse melhor, até concordaria com alguns pontos que traziam ou exigiam nos diálogos.

Harry também alimentava na garota a fantasia de que a vida deveria ser cheia de aventuras, o que não enxergava na vida adulta pela referência da vida dos seus pais e dos adultos que conhecia, concebendo seu crescimento como uma experiência difícil. Ao mesmo tempo, ela se identificava com a curiosidade do bruxo, afirmando por um tempo que se via mais no personagem Roni por ser insegura e desastrada como ele.

Com a intenção de tirá-la do modo automático e propiciar a realização de Valores Vivenciais, foi proposto que fizesse alguma coisa que nunca tivesse feito antes. Graziela escolheu passar uma noite no quartinho de limpeza da casa em que morava, na companhia de sua cadelinha. Ao descrever o que havia vivenciado, ela afirmou ter escolhido uma experiência que se assemelhava a do seu ídolo, no quarto reduzido embaixo da escada da casa dos tios, em companhia de uma coruja. A experiência reforçou sua identificação com a inadequação, sonho de mudança e escolha de um amigo (no caso, um animal) como seu melhor companheiro, mas também proporcionou um momento de privacidade, solitude e bastante reflexão.

Em um trabalho livre com argila, mais uma vez reforçou a importância que dava às amizades, porém, dessa vez, com a explicação de que, por esse grupo, ela era reconhecida e valorizada. Graziela criou um pingente em forma de bolo, um presente que Hagrid, bedel da escola e amigo, deu a Harry em seu aniversário pouco antes de convidá-lo para estudar na escola especial para bruxos, Hogwarts, e revelar-lhe a verdade sobre sua vida. Quis retratar esse símbolo de amizade e valorização na sua produção e carregá-lo com ela, próximo ao coração.

Certa vez, Graziela chegou chateada à sessão e explicou que havia lido um novo livro da saga, Harry Potter e a Criança Amaldiçoada, em que o personagem crescia, casava-se, tinha filhos e começava a ter uma vida sem graça, segundo ela. Disse que estava muito triste com um diálogo entre o bruxo e o seu filho, em que este último declarava que não queria que Potter fosse o seu pai. Ela situou sua decepção: "não gosto de quem ele se tornou". Diante disso, foi solicitado que criasse um novo destino para seu ídolo, visando ao que representaria uma vida adulta ideal, a seu ver. Ao longo da contação da sua versão da história, Graziela foi percebendo que, quando liberdade e responsabilidade andam juntas, o indivíduo ganha autonomia e o fato de a vida ser "chata" – ou não – pode ser uma questão de escolha.

Ao longo do processo, Graziela teve uma melhora razoável na relação com os pais, passou a se sentir um pouco mais à vontade e ganhou mais confiança deles a ponto de conseguir negociar e realizar uma balada em casa para os amigos; começou e terminou um namoro, sendo que, durante essa relação, soube dar muita força ao namorado que apresentava sintomas depressivos; reforçou amizades; decidiu ser vegetariana e escolheu sua profissão: médica, porque aspirava "fazer a diferença de verdade, mudar o mundo e não só bater panela".

Luciana, cristã e feminista

Luciana, nome fictício, 15 anos, também se identificava com a saga de Harry Potter. No entanto, o foco desse caso não trata da sua paixão pelo bruxo, embora a leitura fosse um dos seus passatempos preferidos, especialmente as histórias de fantasias: "Os livros são meus melhores amigos. Meu escape deste mundo. Me ajudam a ter bagagem para pensar na minha própria história. Me tiram da realidade para que eu volte mais forte depois".

A adolescente chegou ao consultório dizendo-se muito distraída e com dificuldade para concentrar-se, além de sentir-se isolada socialmente, com poucos amigos, o que gerava uma sensação de desencaixe e infelicidade a ponto de pensar que a vida não valia a pena: "às vezes, eu olhava pela janela e pensava: como seria se eu pulasse?". Também dizia não conseguir abrir-se com ninguém, especialmente com os pais, por muito medo de ser julgada e de decepcioná-los.

Luciana era gêmea e dizia-se completamente diferente da sua irmã, embora muito conectadas: "Somos o oposto uma da outra, mas é harmônico. Sabemos tudo uma da outra só pelo olhar". Segundo o relato dos pais, a irmã era mais extrovertida e tinha mais facilidade para fazer amigos, além de mais autoritária, tanto que, às vezes, criticava o jeito mais introspectivo de Luciana. Por muito tempo, fizeram quase tudo juntas, mas passavam por uma nova situação: a paciente havia sido aprovada em uma escola técnica federal (curso de Meio Ambiente e Sustentabilidade), e a irmã não, o que a desafiava a começar um novo caminho sem o apoio habitual.

Ela havia crescido em meio às experiências de um movimento da Igreja católica com o qual afirmava se identificar bastante, além de mostrar-se envolvida nas atividades que eram propostas para a sua faixa etária. A garota, porém, também dizia se identificar com o movimento feminista, defendendo as questões de respeito a gêneros, o empoderamento feminino e a libertação de padrões socialmente impostos. A sua angústia foi perceber que os movimentos, muitas vezes, eram contraditórios; mostrou-se incomodada quando a avó, por exemplo, censurou a roupa que escolheu para ir à missa ou quando escutou comentários machistas de um padre.

Como reflexo dessa contradição, via-se desencaixada nos dois mundos a que pertencia: a escola e a igreja. Dizia que, na escola, era considerada muito certinha, porque era esforçada, tirava boas notas, não bebia, nem ficava com ninguém. Já na igreja, sentia que a julgavam como "a louca", porque usava calça rasgada, o que parecia ser considerado provocativo.

Sonhava fazer faculdade de Moda e justificava sua escolha dizendo: "gosto de mostrar quem eu sou com as minhas roupas. O corpo é uma forma de arte". Além da moda, adorava desenhar e dizia que encontrava nessa forma de arte uma maneira de lidar com todos os seus questionamentos e angústias.

Sendo assim, a realização de Valores Criativos, em especial, por meio das artes como o desenho, a pintura e a escrita (talento que ela foi revelando ao longo das sessões), foi o caminho escolhido para dar vazão à sua sensibilidade, transitando por todas as suas contradições de uma maneira que a levasse ao encontro do seu modo de ser e superasse o que vivia.

Realizou vários trabalhos manuais e também escreveu vários textos até que, durante a criação de uma pintura (Figura 2), teve um *insight* que lhe trouxe uma força que refletiu significativamente em sua vida: "posso ser cristã e feminista!".

Figura 2 – Pintura em guache

Fonte: Registro da autora a partir da pintura da paciente.

Da pintura, surgiu um texto que traduziu seus sentimentos e posicionou-a entre os dois mundos que, até então, mostravam-se tão contraditórios:

> **Posso ser feminista e cristã**
>
> Ser cristã significa amar o próximo assim como Ele amou, a ponto de dar a vida por nós.
>
> Ele veio à Terra pelos pequeninos, os pobres, aqueles que não tinham. Ele foi revolucionário, mostrando que todos são a coisa mais importante do mundo para Deus.
>
> Ele não estava preocupado com o gênero daqueles a quem pregava, queria seu coração.

Se Deus ao nos criar não fez distinções, por que caberia a nós impor limitações às pessoas? É exatamente por isso que o feminismo faz tanto sentido para mim, porque acredito em igualdade, que todas as pessoas merecem as mesmas oportunidades e direitos.

Não faz sentido Deus criar um mundo onde um gênero seja mais amado ou importante que outro. Se Ele nos fez tão livres, por que seríamos donos do corpo alheio?

Fala-se tanto de pureza, por isso devemos ser puros ao olhar o corpo dos outros, e nos vestir da forma como gostamos, antes de qualquer coisa, para nos sentirmos bem e confortáveis.

Sou feminista toda vez que me visto, toda vez que falo em público ou faço amizades pensando em ser uma pessoa sem preconceitos, que não segrega ninguém, nem estereotipa. Basicamente, sou feminista quando sou cristã.

Fonte: Registro da autora a partir da escrita da paciente.

Até a conclusão desse texto, Luciana ainda era acompanhada em psicoterapia. Mantinha-se questionadora, sensível e – cada vez mais – conseguia apropriar-se de valores que, para ela, eram caros, mas que, até então, estavam perdidos nas profundezas do seu ser ou nas imposições que os meios em que vivia traziam.

Outros ideais e ideologias foram surgindo: tornou-se vegetariana, enxergando todo um sentido para a nova escolha; continuava desenhando e escrevendo, em casa e no consultório, e, por sugestão no acompanhamento, havia iniciado a escrita de um livro (de ficção, e não autobiográfico, por escolha dela) com a intenção de promover o autodistanciamento das suas inquietações, entender e resolver novos conflitos. Assim, ela experienciava a autotranscendência, já que o convite era de um dia publicá-lo para trazer ao mundo a reflexão de que há muitos valores possíveis de aproximação entre mundos, mas que parecem tão distintos que é preciso construir pontes – e não muros – entre eles.

Conclusões

Os três casos ilustram como um olhar atento e a escuta ativa para ideais e paixões dos adolescentes podem ser transformados em oportunidades, a fim de facilitar a formação do vínculo terapêutico e favorecer um terreno fértil para que expressem suas inquietações, angústias, emoções, ideias e anseios.

É provável que Harry Styles, Harry Potter e outros ideais, ideologias e ídolos (que, muitas vezes, podem ser menosprezados por profissionais ou qualquer adulto) não sejam más referências para a vida das adolescentes, contudo, alguns dos valores dos seus ideais, ídolos e ideologias apresentados colaboraram para os seus questionamentos, registrando-se essenciais para o encontro de sua identidade e do modo único de serem mulheres e adultas.

Referências

Almario, J. F. (2014). *Una Mirada Existencial a la Adolescencia*. Bogotá: Ediciones SAPS.

Bruzzone, D. (2011). *Afinar la conciencia*: Educación y búsqueda de sentido a partir de Viktor E. Frankl. Buenos Aires: San Pablo.

Frankl, V. E. (2019). Psicoterapia e sentido da vida: fundamentos da Logoterapia e análise existencial. (A. M. Castro, Trad.) São Paulo: Quadrante. (Originalmente publicado em 1946)

Frankl, V. E. (2008). Em Busca de Sentido: um psicólogo no campo de concentração. (W. O. Schlupp & C. C. Aveline. Trad.) Petrópolis: Vozes. (Originalmente publicado em 1946)

Frankl, V. E. (2011). A vontade de sentido: fundamento e aplicações da Logoterapia. (I. S.. Pereira, Trad.) São Paulo: Paulus. (Originalmente publicado em 1968)

Griffa, M. C., & Moreno, J. E. (2011). Chaves para a Psicologia do Desenvolvimento: adolescência, vida adulta e velhice. (V. Vaccari, Trad.) São Paulo: Paulinas. (Originalmente publicado em 2001)

CAPÍTULO 11
Logoterapia no acompanhamento clínico de uma adolescente

Jalmaratan Luís de Melo Macêdo

Neste capítulo, será descrito o caso clínico do acompanhamento psicoterápico de uma adolescente do sexo feminino de 16 anos, que será aqui chamada de Maria, nome fictício para guardar o anonimato da paciente.

O acompanhamento clínico de Maria foi realizado, em sua maior parte, nas dependências da Clínica Escola de Psicologia da Universidade Federal da Paraíba, local procurado pela mãe da adolescente quando percebeu que algo não estava muito bem com a filha.

Maria participou da triagem da clínica e aguardou ser chamada para acompanhamento clínico. Suas queixas principais eram sentir-se sozinha, problemas de relacionamento na escola, incluindo um certo grau de isolamento social, crises de choro, muita ansiedade e pensamentos negativos. Não havia ficado claro na triagem que tipo de pensamento negativo Maria tinha.

Quando convidada a iniciar seu acompanhamento psicoterápico, muitas dessas informações foram novamente levantadas a fim de saber se a demanda originalmente relatada na triagem permanecia a mesma. Em linhas gerais, Maria continuava apresentando muitas crises de ansiedade e choro, estava bastante faltosa na escola e passava a maior parte do dia em seu quarto. Sentia muito vazio e não via muito sentido na vida. Tinha pensamentos suicidas, pensava que faria a mãe sofrer menos se não existisse. Foi com esse cenário que a Psicoterapia de Maria teve início.

O uso da Logoterapia e Análise Existencial no caso de Maria não foi uma escolha arbitrária, foi fruto da escolha de minha formação profissional. Ancorado nos ensinamentos de Frankl, acreditamos, eu e o supervisor das atividades na Clínica Escola, que a prática clínica da Logoterapia se adequaria perfeitamente ao caso de Maria, assim como a qualquer outro caso de acompanhamento psicoterápico.

Com fim do vínculo com a Universidade, o trabalho de Maria foi estendido para o consultório particular por vontade da própria Maria em continuar em terapia.

Trajetória Clínica

As primeiras sessões da adolescente foram bastante intensas. O relato de grande sentimento de vazio esteve claro e constante no início da terapia. A maior demanda de Maria era sentir esse vazio sem saber de onde vinha. Uma angústia incessante acompanhada de muito choro e ansiedade. Noites em claro, dificuldade de dormir e se concentrar nas aulas e nos estudos. Afastou-se bastante das atividades escolares e seu rendimento caiu significativamente. Esse vazio constantemente sentido por Maria foi descrito por Frankl (2014) como manifestação do vazio existencial humano.

A conjuntura familiar de Maria tinha problemas estruturais. Morava com a mãe e o irmão, o pai estava separado da mãe há alguns anos, e Maria o via de uma forma muito negativa. De certa forma, ele fez mal à sua mãe e ela se sentiu muito machucada por reflexo da mãe. Mesmo com as tentativas de contato do pai, Maria não se abria. Vivia como se estivesse intrigada dele e não o recebia quando tentava visitá-la. Havia uma profunda mágoa do pai, mágoa que seria, posteriormente, trabalhada nas sessões.

Por outro lado, havia relações muito positivas. Ela possuía uma prima de quem gostava muito. Tinha imensa admiração pelos seus avós e uma tia, irmã da sua mãe, que tinha o *status* de uma segunda mãe. Sempre tratou seus avós e sua tia com muito respeito, entre eles havia muita confiança.

Além desse plano de fundo familiar, uma outra questão acompanhava constantemente Maria. Embora fosse uma adolescente bonita, tinha uma autoimagem depreciada. Via-se constantemente acima do peso e evitava falar nesse aspecto. Aqui cabe informar que a autoimagem de Maria estava completamente distorcida, mesmo para os padrões sociais, qualquer pessoa afirmaria que Maria era uma pessoa magra, não havia qualquer sinal de sobrepeso em sua aparência.

Já nesses primeiros contatos, tornou-se clara em Maria a grande vontade de sentido (Frankl, 2011) que possuía. Sua vida estava sem cor, vazia. Ao mesmo tempo, Maria não se contentava com aquela situação, sempre imaginava para si um futuro promissor, tinha um senso empático muito forte e muita consideração com as pessoas. Em diversos momentos, falava sobre essa Vontade de Sentido preconizada pela Logoterapia, como em uma de suas falas "nunca acredito que nasci para viver assim, quero algo mais da minha vida".

Segundo Aquino (2015), a Vontade de Sentido significa que é profundamente inerente a todo o homem uma tendência para o sentido e a busca do sentido. Isso estava sempre presente nas falas da adolescente.

A vontade de sentido manifestada na adolescente estava diretamente relacionada ao vazio existencial que sentia. Na sua curta experiência da vida, havia algo mais a se concretizar para que a vida tivesse sentido. A ausência de sentimentos de completude ou finalidade tornava a sua vida vazia de significados (Frankl, 2014).

Nos primeiros momentos de trabalho com a adolescente, algumas estratégias foram adotadas. Em primeiro lugar, dada a gravidade da situação de Maria e sua constante ideação suicida, a mãe, como responsável, foi chamada e orientada a procurar um psiquiatra. Diversos estudos demonstram o aumento de eficácia quando o tratamento psicoterápico é combinado com tratamento psiquiátrico, como descrito em Razzouk (2016).

Em segundo lugar, a comunicação terapêutica com sua mãe era sistemática durante o transcorrer dos meses. Sistematicamente, a mãe era convidada a se dirigir à clínica para que algumas informações pudessem ser checadas e um melhor acompanhamento psicoterápico fosse realizado. Essa prática está em conformidade com as normas da Clínica Escola e com a prática clínica de atendimentos de crianças e adolescentes preconizada pelo Conselho Regional de Psicologia. Após a consulta com o psiquiatra, a adolescente foi diagnosticada com transtorno de ansiedade generalizada (TAG) e depressão leve, passando a fazer uso de Sertralina (50mg ao dia).

Uma boa relação terapêutica foi estabelecida desde o início das sessões. Maria sentiu-se confortável e acolhida desde os primeiros momentos. Segundo a própria adolescente "aqui me sinto como se alguém me compreendesse de verdade". A escuta autêntica e ativa no seu processo teve essencial importância e refletiu sobre a conscientização das suas capacidades interiores (Resende *et al.*, 2013).

Nas sessões seguintes, exercitamos a roda da vida, um exercício simples no qual se desenha um círculo em uma folha de papel em branco e se pede para o paciente fatiá-lo como em uma pizza, colocando os elementos mais importantes que fazem parte da sua vida. A instrução é para que a "fatia" seja proporcional à importância daquele elemento em sua vida e, eventualmente, coloque-se uma nota que vai de 1 a 10 em cada elemento (10 significa um elemento muito importante, 1 significa indiferente).

Maria dividiu o círculo de forma bastante irregular. A maior parte, quase a metade, ela dedicou à família. A segunda maior parte a amigos. As notas de ambos indicavam alto grau de importância. Essa divisão deixou muito clara a importância que a família tinha para Maria, positiva e negativamente. O pequeno espaço que restou, ela dividiu com escola, lazer e internet, com notas mais modestas.

Utilizando diálogo socrático foi possível constatar que a relação com a mãe não era muito positiva, mas ela era a pessoa que Maria mais amava no mundo. Alguns conflitos existiam entre elas em relação ao espaço que Maria tinha. Sentia que a mãe a sufocava, estava sempre no seu encalço, não permitia que ela saísse sozinha com as primas e as amigas. Quando recebia visitas, tinha sempre que estar ao alcance visual. Isso deixava a adolescente muito triste e para baixo. Segundo ela própria: "acho que minha mãe não confia em mim".

Mais uma vez fazendo uso do diálogo socrático, Maria foi questionada se era possível que sua mãe estivesse preocupada com ela a ponto de não querer deixá-la sozinha. Se era possível que sua mãe não quisesse que ela enfrentasse os problemas do mundo sozinha, que tivesse sempre alguém para ajudá-la. Maria contou parte de algumas experiências passadas de sofrimento que a mãe enfrentara sozinha e via sentido na possibilidade de a mãe querer protegê-la dos perigos do mundo. Ainda assim, sentia-se mal pela mãe não dialogar com ela.

Esse foi um dos principais pontos de trabalho da terapia: a relação e comunicação com a mãe. Ao longo das sessões, pudemos antever estratégias para que essa comunicação fosse melhorada. Maria pôde compreender que dispunha de outras formas de comunicação com a mãe, formas mais efetivas e, assim, a relação das duas foi melhorando de patamar.

A realização de Valores Criativos e vivenciais estiveram presentes durante todo o trabalho de melhoria da relação com sua mãe. Sobre as categorias valorativas, Frankl se referia "aqueles universais de sentido, que se cristalizaram nas situações típicas que a sociedade ou, até mesmo a humanidade, tem de enfrentar" (Frankl, 2019, p. 97). Foi por meio de sua própria construção que Maria conseguiu desenvolver novas formas de comunicação com a mãe e melhorar significativamente sua relação com ela. A realização de Valores Vivenciais foi fundamental para tirar Maria do cenário de melancolia constante.

Cabe ressaltar que a adolescente teve algumas crises durante o acompanhamento psicoterápico. Novos eventos desencadearam novas crises de ansiedade que eram trabalhadas nas sessões. Alguns desses eventos envolviam familiares a quem era muito apegada, como seus avós e sua tia.

À medida que a psicoterapia avançava, novas ênfases eram dadas às sessões. Baseado no livro de Aquino; Simeão; Rodrigues (2017), foi proposto à adolescente a construção de um diário de bordo dos sentidos. Consistia em realizar anotações duas vezes ao dia, ao acordar e antes de dormir. Ao acordar, a adolescente tentaria responder à pergunta "o que a vida espera de mim hoje?" e, ao dormir, à pergunta "quais os acontecimentos mais significativos do meu dia?".

No primeiro momento, a atividade pareceu um tanto monótona para ela. Contudo, à medida que seu isolamento social e suas crises diminuíam, as vivências sociais, principalmente na escola e na família, traziam significados interessantes. As anotações começaram a ter sentido, junto aos vários diálogos que se seguiram nas sessões quando do trabalho com as anotações. O diário de bordo dos sentidos trouxe momentos de clarificação para a adolescente, permitindo que ela percebesse novas posturas a adotar durante o seu dia e refletisse sobre posturas previamente adotadas, assim como atividades que estavam ausentes em seus dias.

Uma das grandes conquistas com o diário foi construir uma maior confiança por parte de sua mãe. Esse foi um trabalho particularmente interessante porque nos levou a práticas salutares fora de sua residência.

A ativação comportamental requerida em casos de isolamento social, ansiedade generalizada e depressão leve ou moderada já está comprovada por diversos estudos, como em Tavares (2010), Resende *et al.* (2013), Batista; Oliveira (2015), Razzouk (2016), Abreu; Abreu (2017) e Santos (2019). Além disso, práticas contemplativas levam à melhora no humor e motivação de quem pratica regularmente, refletindo na diminuição de ansiedade (Mesquita; Furtado, 2019). A prática contemplativa pode ser entendida como um exercício de autodistanciamento, um fator extremamente importante na Logoterapia para o estabelecimento de sentido (Frankl, 2017).

Por que esses estudos são importantes? Porque duas das atividades que a adolescente mais gostava de fazer relacionavam-se à atividade física e à atividade contemplativa. A adolescente gostava de fazer exercícios físicos, desde caminhadas próximas à sua casa e à academia. Também gostava de ir à praia contemplar o mar e refletir sobre a vida. Essas duas atividades estavam cerceadas por sua mãe, porém, com a melhoria do relacionamento das duas, a mãe voltou a permitir que ela caminhasse e que fosse à praia com sua prima, uma pessoa da confiança de sua mãe e que era extremamente próxima da adolescente.

Tais atividades apareceram em anotações no diário de bordo dos sentidos e foram trabalhadas durante algumas sessões. Voltar a praticar essas atividades aumentou consideravelmente sua motivação para a vida, incluindo mais energia para se dedicar aos estudos. Também promoveu diminuição da ansiedade que causava suas crises.

O autodistanciamento, promovido pela atividade contemplativa, permitiu que a adolescente visualizasse possibilidades de vivências diferentes daquelas que ela enxergava até o momento. Como disse Oliveira (2015), a prática do autodistanciamento permite que os indivíduos enxerguem novas formas de promover Valores Criativos, vivenciais e atitudinais, e a realização desses valores levam à construção de um maior significado na vida. No caso de Maria, o autodistanciamento permitiu que ela enxergasse práticas muito significativas que tinha deixado de lado.

Uma dessas atividades era a prática religiosa. Com o diário foi possível perceber a falta que ela sentia de ir à igreja e, consequentemente, o resgate dessa atividade. A prática religiosa atua na dimensão noética do ser humano, instrumentalizando as demais dimensões e promovendo sentido para quem a vive.

Segundo Dittrich; Oliveira (2019), é por meio da dimensão noética que o ser humano dignifica a vida. A volta à praia foi importante também no trabalho de uma das questões mais importantes para Maria, sua autoimagem. As idas à praia possibilitaram o exercício do seu lado contemplativo e também melhoria da sua autoimagem. Ela foi ganhando confiança e percebendo que exigia demais de si, exigia uma aparência que não era adequada.

Quando tentou emagrecer, usou métodos prejudiciais à sua saúde, levando muita preocupação à sua mãe e à sua tia. Chegou a apresentar quadros de alguns desmaios, perda de cabelo e unhas quebradiças.

Como bem colocado por Xausa (2012), o homem é livre para fazer escolhas, mas precisa lidar com as consequências. Não há liberdade sem responsabilidade. E foi essa responsabilidade que Maria deixou de perceber quando adotou esses métodos.

Com diálogos socráticos, uso da régua do sentido (Aquino, 2018) e o diário de bordo dos sentidos (Aquino; Simeão; Rodrigues (2017), conseguimos trabalhar a relação liberdade/responsabilidade. Maria foi percebendo que estava procurando uma forma de si pouco realista, passou a aceitar-se mais, no que era bastante apoiada por sua prima. Com algum tempo, conseguiu lidar melhor com sua imagem a ponto de não mais se impedir de sair por receio de críticas. Construiu confiança em si mesma.

No que diz respeito ao plano familiar, a relação com o pai foi ressignificada com o auxílio do diálogo socrático e de um novo evento em sua vida – o nascimento da filha de sua prima. Essa foi uma etapa muito importante na vida de Maria. Ao ajudar no cuidado e criação de sua prima de segundo grau, ela estava praticando a autotranscendência. Segundo Kroeff (2011), os sentidos a realizar na vida estão não apenas no mundo, mas no encontro com outros. O indivíduo deve ir além de si mesmo para realizar sentidos, alcançando uma das maiores características humanas, a autotranscendência.

Ajudando a cuidar da filha de sua prima, Maria criou um senso de cuidado e estabeleceu um sentido completamente diferente, mais amplo. Isso ajudou muito no seu processo de ressignificar a relação com o pai. A natureza dessa relação deixou de ser de natureza unicamente negativa para ser neutra, minimizando o sofrimento que se infligia sobre ela e sua mãe. Maria passou a pensar menos em si e mais nos outros, vendo suas experiências por outro ponto de vista.

Ainda segundo Kroeff (2011), o combate de círculos viciosos derivados de excessiva introspecção, a hiper-reflexão ou hiperatenção, orienta o paciente para o futuro, para a realização de sentidos. Foi exatamente o que ocorreu com Maria quando passou a vivenciar o cuidado com a filha da sua prima.

Durante o processo psicoterápico de Maria, outros instrumentos foram utilizados. Alcançamos resultados interessantes com o baralho dos valores e sentidos na vida (Aquino, Simeão & Rodrigues, 2018). Um instrumento composto por 63 cartas divididas em 5 categorias temáticas: "sentido na vida", "sentido na temporalidade", "eu não sou livre de, mas sou livre para", "sinto-me responsável por" e "valores". O baralho ainda possui o chamado cubo de resolução de conflitos, bastante útil em algumas situações.

A ideia com o uso do baralho foi promover mudanças de atitude por meio da avaliação de autodirecionamento e proporcionar a descoberta de razões para viver, ajudando a lidar com o vazio existencial. Utilizar o baralho em algumas sessões permitiu que Maria ganhasse um pouco mais de consciência sobre seus pensamentos e emoções. Ela decidiu, em alguns momentos, mudar a direção de suas atitudes, alcançando mais bem-estar e diminuindo o sofrimento. Ressalta-se o potencial que o instrumento tem de mobilizar o paciente para usar seus próprios recursos internos.

O baralho também proporcionou diálogos positivos para Maria, as sessões em que era utilizado foram sessões inevitavelmente "divertidas", Maria tomou gosto pelo instrumento. Essa característica lúdica do baralho é estrategicamente interessante para uso com adolescentes, uma vez que o processo de exposição pela fala nem sempre é fácil.

A ludicidade de um instrumento, como o baralho dos valores e sentidos na vida, pode servir para quebrar barreiras de comunicação, promovendo maior adesão ao processo psicoterápico, além de possibilitar maior contato com o mundo interior do paciente. Aliar a fala com a imaginação permite acessar conteúdos escondidos nas barreiras psíquicas criadas, muitas vezes, de forma inconsciente.

Por fim, cabe ressaltar uma importante conquista de Maria. Após alguns meses de psicoterapia, com uma visão familiar mais aprimorada, autoimagem mais realista, menos autocentrada, vivendo maior grau de autotranscendência, conseguiu usar sua liberdade e decidir trabalhar para ajudar sua mãe. Maria deixou de guiar-se pelo ter e passou a dirigir-se mais para o ser.

Dessa forma, percebeu que podia fazer mais pela sua própria condição de vida, auxiliando sua mãe nas despesas da casa. Conseguiu um emprego em um supermercado, seu primeiro emprego na vida. Foi tomada de muita felicidade e tristeza ao mesmo tempo. Felicidade pela conquista, por conseguir dividir o tempo entre o trabalho e os estudos e por ajudar sua mãe. Triste, por outro lado, porque tinha de deixar a psicoterapia para se dedicar ao trabalho.

O processo psicoterápico foi finalizado pelas circunstâncias do trabalho. Contudo, o *feedback* de todo o processo foi muito positivo. A adolescente demonstrou muita gratidão, ao mesmo tempo que sentia pesar por deixar a psicoterapia. Prometeu voltar, assim que possível. Percebeu-se em Maria o uso de sua liberdade para mergulhar no processo psicoterápico. Como dito pelo próprio Frankl, "o ser humano propriamente dito começa onde deixa de ser impelido, e cessa quando deixa de ser responsável" (Frankl, 2019, p. 112). O processo psicoterápico deixou marcas muito positivas em Maria.

Considerações Finais

O trabalho clínico com a Logoterapia e a Análise Existencial permite lidar com algumas situações da existência humana de forma bem pragmática e natural. O sentimento de vazio existencial trazido pela adolescente foi devidamente trabalhado por meio do contato com seus próprios sentimentos e da contraposição por questionamentos adequados. Foi possível estabelecer novos sentidos na vida ao enxergar possibilidades de crescimento.

Mesmo cercada de angústias, a vontade de sentido prevalecia e a guiava para descobrir formas de construir sentidos baseados em sua própria criação e escolhas. O trabalho dos Valores Criativos e vivenciais foram demasiadamente importantes na trajetória clínica de Maria. Não obstante, o valor atitudinal também foi vivenciado pela jovem em alguns momentos de sofrimento inevitável. Ela conseguiu aprender, por meio da facilitação de alguns instrumentos e diálogos socráticos, que poderia adotar posturas significativas, mesmo diante de algum sofrimento. Liberdade e responsabilidade foram fatores trabalhados durante todo o acompanhamento psicológico de Maria.

O próprio processo de Psicoterapia foi visto pela adolescente como algo significativo, parte importante na descoberta de novos sentidos. Essa experiência individual demonstra como a Psicoterapia pode ser decisiva para uma vida com mais significado. Também nos mostra que a Logoterapia tem um espaço importante não apenas na Psicologia clínica, mas também nas dimensões humanas, principalmente a dimensão noética.

A Logoterapia mostrou-se uma importante abordagem para uso com adolescentes por trabalhar as alternativas do viver que melhoram o encontro de sentido. A adolescência costuma ser um período de descoberta e de conflitos, de desenvolvimento psíquico e social, e a Logoterapia teve um papel importante na vivência de autodistanciamento e autotranscendência de Maria, promovendo desenvolvimento psíquico, amplitude de consciência e aumento do bem-estar.

Cabe ressaltar que o uso de instrumentos lúdicos, como a roda da vida, a régua do sentido (Aquino, 2018), o diário de bordo dos sentidos (Aquino; Simeão; Rodrigues, 2017) e o baralho dos valores e sentidos na vida (Aquino; Simeão; Rodrigues, 2018) puderam proporcionar maior adesão e poder de reflexão às sessões.

Um dos elementos principais da Logoterapia é a postura ativa e positiva do logoterapeuta (Lukas, 2012). A possibilidade de alcance de melhores resultados psicoterápicos com o uso de instrumentos foi uma percepção alcançada durante as primeiras sessões. A vivência de um caminho mais lúdico ao trabalhar com Maria foi um ponto bastante acertado em termos de estratégia psicoterápica.

A experimentação de instrumentos em Psicoterapia é vista de forma muito positiva por várias vertentes, não é diferente com a Logoterapia.

Segundo Lukas (2012), na Logoterapia, não há padrões fixos, como psicoterapeutas, temos que improvisar, experimentar, investigar. Com Maria, a experimentação foi um ponto crucial e os instrumentos tiveram um papel fundamental nesse processo.

Por fim, não poderia deixar de ressaltar o importante papel do logoterapeuta na visão de Frankl, um papel que ficou muito explícito no processo psicoterápico de Maria: "o papel do logoterapeuta consiste em ampliar e alargar o campo visual do paciente de forma que todo o espectro do significado e dos valores se torne consciente e visível para ele" (Frankl, 2017, p. 76).

Referências

Abreu, P. R.; Abreu, J. H. S. S. (2017). Ativação comportamental: Apresentando um protocolo integrador no tratamento da depressão. Revista Brasileira de Terapia Comportamental e Cognitiva, 19(3): 238-259.

Aquino, T. A. A. (2015). Os filmes que vi e os livros que li com Viktor Frankl: interfaces entre a ficção e a análise existencial. João Pessoa, PB: Editora da UFPB.

Aquino, T., Simeão, S.; Rodrigues, L. (2017). Qual o sentido? Procurando respostas e descobrindo propósitos na vida. João Pessoa, PB: Idea.

Aquino, T. A. A. (2018). Régua do sentido. João Pessoa, PB: Editora Ideia.

Aquino, T., Simeão, S.; Rodrigues, L. (2018). Baralho dos valores e sentidos na vida. João Pessoa, PB: Sinopsys.

Batista, J.I.; Oliveira, A. (2015). Efeitos psicofisiológicos do exercício físico em pacientes com transtornos de ansiedade e depressão. Revista Corpoconsciência, 19(3).

Dittrich, L. F.,; Oliveira, M. F. L. (2019). Dimensão Noética: as contribuições da Logoterapia para a compreensão do ser humano. Revista Brasileira de Tecnologias Sociais, 6(2), 143-160. Recuperado em 28 de janeiro de 2021, de https://siaiap32.univali.br/seer/index.php/rbts/article/view/15266/pdf.

Frankl, V. E. (2011). A vontade de sentido: fundamentos e aplicações da Logoterapia. São Paulo: Paulus.

Frankl, V. E. (2014). Um sentido para a vida: Psicoterapia e humanismo. São Paulo: Idéias e Letras.

Frankl, V. E. (2017). Em busca de sentido: um psicólogo no campo de concentração. Petrópolis: Vozes.

Frankl, V. E. (2019). Psicoterapia e sentido da vida. São Paulo: Quadrante.

Kroeff, P. (2011). Logoterapia: uma visão da Psicoterapia. Revista da Abordagem Gestáltica, 17(1), 68-74. Recuperado em 28 de janeiro de 2021, de http://pepsic.bvsalud.org/pdf/rag/v17n1/v17n1a10.pdf.

Lukas, E. (2012). Psicoterapia em dignidade: Orientação de vida baseada na busca de sentido de acordo com Viktor Frankl. Ribeirão Preto: IECVF.

Mesquita, T. O.; Furtado, T. M. G. (2019). Tratamento da ansiedade através da aplicação de técnicas de mindfulness: uma revisão de literatura. Revista Gestão & Saúde, 20(1), 65-78.

Oliveira, V. G. (2015). Olhar para a existência com confiança. Logos & Existência, 4(1), 36-44.

Razzouk, D. (2016). Por que o Brasil deveria priorizar o tratamento da depressão na alocação dos recursos da Saúde? Epidemiologia e Serviços de Saúde, 25(4), 845-848. https://dx.doi.org/10.5123/S1679-49742016000400018.

Resende, C., Santos, E., Santos, P.; Ferrão, A. (2013). Depressão nos adolescentes: mito ou realidade? Nascer e Crescer, 22(3), 145-150. Recuperado em 27 de janeiro de 2021, de http://www.scielo.mec.pt/scielo.php?script=sci_arttext&pid=S0872-07542013000300003

Santos, M. C. B. (2019). O exercício físico como auxiliar no tratamento da depressão. Revista Brasileira de Fisiologia do Exercício, 18(2). Recuperado em 29 de janeiro de 2021, de http://dx.doi.org/10.33233/rbfe.v18i2.3106.

Tavares, L. A. T. (2010). A depressão como "mal-estar" contemporâneo. São Paulo: Editora UNESP. Recuperado em 26 de janeiro de 2021, de http://books.scielo.org/id/j42t3/pdf/tavares-9788579831003-03.pdf.

Xausa, I. A. M. (2012). A Psicologia do sentido da vida. Campinas: Vide Editorial.

CAPÍTULO 12

Grupoterapia com adolescentes utilizando Logoterapia e Análise Existencial

Jalmaratan Luís de Melo Macêdo
Aianny Stephany Souza Lacerda dos Santos

O objetivo do presente capítulo é descrever uma experiência de grupoterapia com adolescentes. A demanda de trabalhar com adolescentes surgiu de duas necessidades distintas, porém complementares.

A Clínica Escola de Psicologia da Universidade Federal da Paraíba estava, à época, com uma alta demanda represada de acompanhamento psicoterápico em condições de urgência, incluindo adolescentes, e os presentes psicólogos, que por ora escrevem este capítulo, encontravam-se em condições finais de formação, necessitando de intensificação na prática clínica. Diante disso, surgiu a ideia de montar um grupo terapêutico para adolescentes, servindo as duas finalidades.

Os dois psicólogos, na época estagiários, reuniram-se com seu supervisor em Logoterapia para definir a metodologia que seria adotada para a seleção dos adolescentes que comporiam o grupo e as atividades desenvolvidas na prática terapêutica.

No primeiro momento, decidiu-se priorizar o delineamento das atividades. A sugestão era trabalhar o livro "Qual o Sentido? Procurando respostas e descobrindo propósitos na vida" (Aquino, Simeão & amp; Rodrigues, 2017) no grupo, com enfoque nos princípios do Cognitivismo Existencial. O referido material tem práticas lúdicas que levam o leitor a não apenas responder as atividades, mas aplicá-las no dia a dia, promovendo o despertar para o sentido de vida. Encaixava-se perfeitamente na descrição das demandas urgentes dos adolescentes na lista de espera de acompanhamento psicoterápico.

Uma vez que o livro citado traz atividades que requerem uma certa capacidade de reflexão e senso crítico, decidiu-se por selecionar adolescentes de ambos os sexos, na faixa etária dos 14 aos 17 anos.

Inicialmente, 8 adolescentes encontravam-se no perfil desejado. Eles e/ou seus responsáveis foram contactados e questionados sobre o interesse de participar de um grupo terapêutico apenas de adolescentes. Esse questionamento foi importante porque a lista de espera representava desejo por acompanhamento psicoterápico individual, a mudança de enfoque para atividades em grupo precisava de concordância dos possíveis participantes.

Uma vez acionados, os adolescentes em questão e um de seus responsáveis legais foram chamados para realizar uma entrevista inicial de levantamento de informações sobre eles e suas demandas. Essa etapa foi igualmente fundamental devido a algum hiato entre o momento de inscrição de cada indivíduo na triagem da Clínica Escola e o momento em que a convocação estava ocorrendo.

Não só o interesse pelo acompanhamento clínico poderia ter mudado, como também a demanda que estava descrita em suas entrevistas de triagem. Um questionário de entrevista inicial foi elaborado pelos psicólogos facilitadores, com indagações distintas para o responsável e para o adolescente. As entrevistas foram marcadas e realizadas de forma presencial, nas dependências da Clínica Escola.

Após o levantamento de informações, 6 (seis) adolescentes manifestaram intenção de participar das atividades de grupo nas condições propostas. O início da grupoterapia foi em meados do segundo semestre de 2018. Os facilitadores decidiram junto com o supervisor que os encontros seriam semanais, com duas horas de duração cada, no turno da tarde, uma vez que os 6 adolescentes estudavam pela manhã. Os encontros do grupo duraram pouco menos que cinco meses.

Devido aos participantes da grupoterapia serem menores de 18 anos, os responsáveis por eles preencheram um termo autorizando a vivência deles nas atividades psicoterápicas. Toda a documentação produzida desde a entrevista inicial seguiu as normas da Clínica Escola, incluindo o sigilo das atividades realizadas e o anonimato dos adolescentes.

Perfil dos adolescentes

Os adolescentes tinham perfis bastante diversificados. Não apenas em características pessoais e familiares, mas também em relação às suas demandas. O grupo era composto por quatro mulheres e dois homens. Todos apresentavam algum grau de ansiedade, problemas relacionados à autoimagem; desempenho escolar afetado; déficit de atenção; isolamento social; transtorno obsessivo compulsivo, depressão, ideações e tentativas de suicídio.

Chamou a atenção dos facilitadores que todos os adolescentes tinham certo tipo de barreira na família, problemas de relacionamentos com pai/mãe/padrasto/madrasta. A má constituição do seio familiar e impasses na comunicação foram percebidos em todos os adolescentes igualmente. Alguns adolescentes lidavam com certo tipo de rejeição, seja de genitores, seja de parentes ou de colegas de escola. O círculo social, em maior ou menor grau, estava comprometido para todos eles.

Conforme já citado, além da ansiedade presente, alguns outros aspectos psicológicos foram destacados comumente entre eles, como grau moderado de depressão, distimia ou apatia. Quatro adolescentes apresentaram ideação suicida e dois deles já haviam tentado o ato, um deles foi socorrido e internado em hospital para cuidar dos machucados derivados da tentativa. Eles comentaram sobre a falta de sentido na vida, o que foi compreendido nas entrevistas como manifestação do vazio existencial, relatado por Frankl (2017). Esses relatos apresentaram-se em algumas sessões no transcorrer das atividades, demandando acompanhamento de psicoterapia individual para duas dessas adolescentes.

Atividades, instrumentos e práticas

No primeiro encontro do grupo, os facilitadores apresentaram-se formalmente e explicaram qual era o propósito de trabalho no grupo: desenvolver atividades que os ajudassem a relatar os seus conflitos e questionamentos, ao mesmo tempo que ampliassem a percepção da consciência perante a vida, buscando novos sentidos e novas formas de lidar com suas próprias emoções. Seguiu-se uma atividade de "quebra-gelo" para que os integrantes pudessem se conhecer melhor e dar início ao contato que perduraria alguns meses, enquanto as atividades propostas fossem executadas.

O segundo encontro também foi uma mediação de contato e aproximação, com atividades e relatos dos próprios adolescentes, para que cada um conhecesse melhor um pouco da vida do outro. Nesse momento foi possível perceber o quanto o formato de trabalho em grupo seria proveitoso para os adolescentes, pois houve identificação com o relato uns dos outros, levando a uma maior aproximação e adesão à proposta de trabalho.

O livro trabalhado no grupo é bem didático, ele conta a história de Roberto, um jovem de 16 anos e seu diálogo com Sócrates, o filósofo, em busca do sentido na vida, e possui 20 atividades sequenciais que auxiliam nessa tarefa. Na maior parte das vezes, foi realizada uma atividade prática por sessão, contudo, atividades menores, realizadas em menos tempo, foram unidas em uma única sessão. Além das atividades do livro, os facilitadores prepararam atividades complementares, visando enriquecer alguns assuntos levantados pela atividade trabalhada no dia ou pelo próprio grupo em sessões anteriores.

As atividades ambientaram os adolescentes com Roberto, o personagem fictício central do livro. Ao ouvir algumas das falas preliminares de Roberto no livro, como: "Afinal, por que existo? O que a vida espera de mim?", ou mesmo: "Parece que as peças do meu quebra-cabeça estão tão misturadas, a maior doideira! Nada faz sentido. Talvez não haja nenhum sentido quando nada se encaixa" (Aquino, Simeão, Rodrigues, 2017, pp. 17-18) os adolescentes riram e falaram: "Será que eu sou o Roberto?".

As discussões que se seguiam a cada atividade tinham uma atmosfera reflexiva. A cada sessão os adolescentes, mais íntimos, sentiam-se mais soltos para falar de suas próprias experiências e contar mais detalhes de suas vidas, principalmente no que tinha relação com suas demandas. Inevitavelmente, os assuntos comuns identificados nas entrevistas apareceram com certa consistência durante as discussões: conflitos familiares, sentimento de incompreensão pela própria família, sentir-se só, sentimento de vazio, angústias diversas, crises de choro, apatia, melancolia, crises de ansiedade, dificuldade de dormir, insônia, entre outros.

Os facilitadores buscavam trabalhar o tema trazido por cada atividade primeiramente e, em seguida, lidavam com temas que surgiram durante a roda de conversa sobre a experiência de cada um enquanto componente do grupo. Foi possível perceber um forte engajamento já nas primeiras sessões. A barreira de estar entre desconhecidos foi superada rapidamente, logo que perceberam que, naquele espaço, era possível não apenas serem eles mesmos, mas podiam compartilhar suas emoções e impressões de mundo sem serem julgados, sendo acolhidos e, em diversos momentos, com identificação de seus pares.

Algumas atividades demonstraram maior identificação e adesão por parte dos adolescentes. Atividades que, de alguma forma, enriqueceram suas reflexões e os fizeram perceber o seu mundo particular de outra forma, ou ajudaram a encontrar sentidos distintos.

A primeira que se destacou foi a atividade 3, que trabalhava a imagem de alguém que o adolescente considerasse como realizada na vida e qual a trajetória trilhada por ela para alcançar tal façanha. Foi perceptível, diante das falas deles, a ausência de pessoas próximas, do núcleo familiar, que apresentassem sentimento de realização.

Diante disto, seguiu-se um diálogo sobre a realidade parental deles, promovendo reflexão sobre possíveis caminhos para percorrerem na vida, buscando analisar as consequências de cunho positivo e negativo frente às suas experiências por meio da técnica do denominador comum, a qual tem por objetivo destacar aquilo que fosse de maior valor, de maior sentido (Frankl, 2019).

Notou-se a presença de um vazio existencial mais intenso em alguns deles, havendo maior dificuldade em projetar tais possibilidades de escolha. Algumas falas recorrentes: "Eu sei o que quero, quero que passe toda essa angústia. Quero ser feliz, tenho metas, mas não consigo fazer com que elas se concretizem, não tenho forças nem perspectivas".

Outra atividade que teve proeminência foi a quinta, que questionava e identificava sentido nas escolhas da vida. A atividade propunha que cada um identificasse alguns caminhos para trilhar na vida e, baseado em cada caminho, refletisse sobre as consequências positivas trazidas para as pessoas ao redor de cada um deles e para o mundo.

Nessa atividade, trabalhou-se as categorias valorativas da Logoterapia e Análise Existencial, a saber: os Valores Criativos, os Valores Vivenciais e os Valores Atitudinais (Frankl, 2014). Os adolescentes puderam perceber que poderiam descobrir sentidos em suas vidas a partir da realização de valores. Os valores criativos e vivenciais ficaram mais explícitos para eles. A partir de suas próprias escolhas de caminho perceberam a capacidade de criar metas para a vida, assim como perceberam que poderiam transformar o mundo e serem transformados por ele.

Contudo, apesar da explicitação da realização de valores, ainda era muito cedo para perceberem que poderiam encontrar sentido por meio de suas próprias atitudes frente aos sofrimentos já enfrentados por eles.

A sexta atividade também foi interessante em termos de resultados. Propunha uma reflexão sobre os verbos: poder, querer e dever. Os adolescentes eram convidados a refletir sobre os caminhos desejados para trilhar na vida sob o prisma dos três verbos.

Uma discussão entusiasmada ocorreu ao debater o que cada adolescente propôs para os verbos. Houve uma clara identificação de descompasso entre as respostas às três proposições. Nem tudo que podiam eles deviam, nem tudo que queriam, deviam. O dever, nesse contexto, exigiu deles a postura de sensatez e de se colocar em lugares distintos dos inicialmente colocados por eles próprios. Auto enxergarem-se sob o ponto de vista do dever trazia dificuldades, porque conflitava com o poder ou o querer. Foi uma discussão importante para aprender sobre o conceito Frankliano de liberdade de escolha e de noodinâmica (Frankl, 2019).

Durante a facilitação, os adolescentes foram questionados sobre como resolver o dilema entre o dever e o querer, ou entre o poder e o dever. As respostas plurais indicavam que é um questionamento bastante amplo e profundo, contudo, puderam perceber que nem sempre o que podem ou o que querem eles devem.

Aqui o conceito de liberdade, no sentido logoterápico, foi introduzido. O homem é livre para fazer escolhas, mas precisa lidar com as consequências (Xausa, 2012). Não há liberdade sem responsabilidade. E é nessa responsabilidade que reside o impasse inicial. Complementarmente, destaca-se a noodinâmica, característica antropológica. Ao compreender a noodinâmica, Frankl questionava e indicava que uma determinada tensão é necessária para a existência humana, uma tensão própria da dinâmica existencial. É nessa tensão, que se estabelece entre o homem e o sentido, que está presente a liberdade que o permite escolher entre uma ou outra possibilidade (Frankl, 2019).

É importante destacar que esses conceitos logoterápicos não eram trabalhados com os adolescentes de modo teórico, em linguagem acadêmica, mas com exemplos práticos que os faziam refletir sobre a concepção que cada conceito trazia.

Um exercício extra aplicado propôs que os adolescentes expressassem como se sentiam por meio de um desenho. Três desenhos foram dignos de nota. O primeiro desenho (Figura 1) teve a seguinte explicação: "Com sono, mas feliz".

Figura 1 – Desenho de um dos adolescentes representando como se sentia

Fonte: Registro dos autores a partir de prontuários clínicos (2018).

O segundo desenho (Figura 2) foi explicado da seguinte forma: "Bagunçada interiormente e sem saber por onde começar. Queria que uma diarista viesse e organizasse".

Figura 2 – Desenho de um dos adolescentes representando como se sentia

Fonte: Registro dos autores a partir de prontuários clínicos (2018).

Por fim, o terceiro desenho (Figura 3) foi explicado com: "Me sinto debaixo de uma chuva que percorre uma nuvem escura e que me faz chorar e me sentir angustiada. Como uma flor sendo despetalada, morrendo e sem ninguém cuidar dela".

Figura 3 - Desenho de um dos adolescentes representando como se sentia. Adaptado de prontuários clínicos

Fonte: Registro dos autores a partir de prontuários clínicos (2018).

Embora o primeiro desenho tenha representado felicidade, os dois seguintes expressaram algum tipo de angústia. Mais uma vez o vazio existencial (Frankl, 2017) vinha à tona no grupo.

Seguindo o cronograma do livro, a próxima atividade que ganhou bastante relevância por sua aplicação foi a atividade 9: a bússola dos valores. Havia uma figura que imitava uma bússola e, nos pontos cardinais, valores a serem vivenciados: criar, amar, contemplar e posicionar. O texto, didaticamente, indagava o leitor sobre como ele usava o tempo livre para criar. No amor, quais seriam as pessoas a quem se ligava profundamente. Quais os momentos que se reserva para ver o lado admirável da vida. E, por fim, como se posiciona quando a vida não é boa.

A atividade, como esperado, levou a uma conversa muito proveitosa entre os adolescentes. Os pontos de vista diversos e as sugestões que cada um dava ao outro enriqueceram o debate sobre os valores existentes na bússola. O ponto mais importante talvez tenha sido a resposta de posicionamento quando a vida não é como esperam que seja.

Esse ponto merece atenção por trabalhar conceitos importantes para a Logoterapia. No primeiro momento, os adolescentes tiveram que praticar o autodistanciamento para enxergar novas possibilidades de lidar com a vida quando ela não é boa. O autodistanciamento (Frankl, 2019) traz a capacidade do indivíduo refletir sobre si próprio, distanciando-se de fatores que bloqueiam sua visão e seu alcance de consciência. Ao praticar o autodistanciamento, os adolescentes puderam perceber como adotar novas atitudes diante de fatores negativos da vida, muitas vezes fatores que eles não podem modificar. Isto leva à prática do valor atitudinal (Kroeff, 2011).

As atividades 15 e 16 também tiveram boa produção do grupo. A primeira refletia sobre o sentido em cada fase da vida, a saber: juventude, idade adulta e velhice. A segunda dizia respeito à relação do celeiro com a vida, uma metáfora interessante que compara a vida a um celeiro, no qual existem grãos colhidos e a plantação de novos grãos que levará a novas colheitas. Essa metáfora traz uma reflexão interessante ao promover o pensamento de responsabilidade sobre nossas ações e escolhas.

Os adolescentes conseguiram refletir bem sobre sua juventude, mas notou-se uma dificuldade de projeção realista futura, o que seria uma das características do vazio existencial na juventude (Frankl, 2019). Permeados por situações de relativo sofrimento, a projeção do futuro ficou um tanto prejudicada. Já na vivência da metáfora, puderam perceber como o futuro está ao alcance de ser construído em grande parte da forma como desejam. Mais uma vez a atividade chama para realização de valor criativo na construção de sua própria vida, acessando a dimensão noética identificada por Frankl. Segundo Dittrich; Oliveira (2019), é por meio da dimensão noética que o ser humano dignifica a vida, instrumentalizando as demais dimensões e promovendo sentido para quem a vive.

As últimas atividades abordadas com o grupo trouxeram uma reflexão mais intensa sobre o sentido de vida, sobre a trajetória de vida que cada um estava construindo. A atividade 17 questionava quais marcas cada um deles estava deixando no mundo. Foi necessária uma reflexão mais profunda para responder essa grande indagação. A atividade 18 propunha um calendário de sentidos, tarefa em que cada adolescente tentaria produzir anotações detalhadas de eventos diários que trouxessem sentido às suas vidas.

Já as duas últimas atividades realizaram um fechamento do trabalho proposto para o grupo. A atividade 19 discutia treze razões relativas ao sentido, ao futuro, ao propósito, à perseverança, a otimismos e a outros fatores que fazem parte de um amadurecimento emocional e psicológico no enfrentamento da vida. A última atividade foi um convite a relacionar o sentido da vida no momento presente e a perspectiva de futuro, como cada adolescente gostaria de ser lembrado no futuro e qual propósito gostaria de seguir. Essa última reflexão é especialmente significativa, porque resgata os trabalhos realizados durante todos os encontros, motivando cada integrante a continuar se indagando sobre o sentido de sua existência a cada momento de sua vida.

As atividades e instrumentos realizados durante todo o acompanhamento do grupo derivaram do livro relatado, de adaptações que os facilitadores fizeram, de dinâmicas de grupo e práticas contemplativas e reflexivas. O diálogo socrático foi uma ferramenta deveras importante durante todo o transcorrer das atividades.

Considerações Finais

A experiência de trabalhar com adolescentes foi bastante rica. Os resultados alcançados foram bastante significativos e proveitosos para os adolescentes. O vazio existencial era um relato constante para alguns. As atividades práticas trazidas no livro trabalhado permitiram que eles entrassem em contato com os seus sentimentos, questionando suas motivações, abrindo-se, então, para a compreensão de novas possibilidades de crescimento.

O foco da Logoterapia no estabelecimento de sentido foi um ponto importante, trabalhado durante os encontros. Em meio às suas angústias, eles não percebiam que podiam encarar suas vidas de formas alternativas. Por meio de valores criativos, poderiam construir caminhos alternativos, mais significativos a si próprios. Alguns encontros tornaram a possibilidade de criação mais possível para os adolescentes. Em alguns momentos, os facilitadores tiveram um feedback bastante positivo sobre as experiências trocadas no grupo. Desse modo, os adolescentes encontravam sentido nas práticas e vivências ali realizadas.

Dois outros conceitos importantes da Logoterapia foram muito valorizados por eles: liberdade e responsabilidade. A adolescência, como uma fase de descoberta e conflitos, muitas vezes, esconde a liberdade que o ser humano tem diante das situações. Nas vivências em grupo, na troca de experiências, os adolescentes puderam perceber que a liberdade que possuem é mais ampla do que pensavam, perceberam que ela anda de mãos dadas com a responsabilidade, mesmo quando essa tem uma conotação de "peso". Frequentar a escola, por muitas vezes, era uma dessas responsabilidades que "pesava". Em muitos momentos, não se viam livres para escolher quais caminhos traçar. Porém, com o trabalho de grupo, perceberam que, mesmo quando pareciam não ter opção, tinham a escolha de como encarar aquela via. Essa compreensão trouxe uma diminuição da angústia e do sofrimento para alguns deles, incluindo a diminuição do sofrimento na vivência escolar.

A Logoterapia mostrou-se uma importante abordagem para uso com adolescentes por aumentar a percepção de mundo e mostrar alternativas no viver que melhorem o encontro de sentido. Quando o sentido não era alcançado, a diminuição do sofrimento por meio da mudança de postura diante de situações foi um resultado muito positivo na prática grupal.

No encontro final, os adolescentes quiseram, por iniciativa própria, representar o carinho e a importância que o grupo teve em suas vidas. Escreveram mensagens de apoio uns para os outros e um recado especial para os facilitadores. Muito carinho foi expresso nesse recado. Havia um sentimento comum de gratidão.

O sentido que o grupo havia criado na vida de cada um foi de uma magnitude que nenhum de nós, adolescentes e facilitadores, esperávamos. Essa experiência ficará marcada em todos como parte do monumento das nossas vidas.

Referências

Aquino, T., Simeão, S., Rodrigues, L. (2017). Qual o sentido? Procurando respostas e descobrindo propósitos na vida. João Pessoa: Idea.

Dittrich, L. F.,; Oliveira, M. F. L. (2019). Dimensão Noética: as contribuições da

Logoterapia para a compreensão do ser humano. Revista Brasileira de Tecnologias Sociais, 6(2), 143-160. Recuperado em 28 de janeiro de 2021, de https://siaiap32.univali.br/seer/index.php/rbts/article/view/15266/pdf.

Frankl, V. E. (2014). Um sentido para a vida: Psicoterapia e humanismo. São Paulo: Idéias e Letras.

Frankl, V. E. (2017). Em busca de sentido: um psicólogo no campo de concentração. Petrópolis: Vozes.

Frankl, V. E. (2019). Psicoterapia e sentido da vida. São Paulo: Quadrante.

Kroeff, P. (2011). Logoterapia: uma visão da Psicoterapia. Revista da Abordagem Gestáltica, 17(1), 68-74. Recuperado em 28 de janeiro de 2021, de http://pepsic.bvsalud.org/pdf/rag/v17n1/v17n1a10.pdf

Xausa, I. A. M. (2012). A Psicologia do sentido da vida. Campinas: Vide Editorial.

CAPÍTULO 13

"Qual o sentido?": promoção do sentido de vida em uma escola da Rede Pública Estadual inserida no Projeto Alumbrar

Marcos Sueudy Santos do Nascimento
Thiago Antonio Avellar de Aquino

A legislação brasileira determina que a criança deve ingressar no 1º ano do Ensino Fundamental aos 6 anos de idade para que, aos 14, esteja no 9º ano. O Ensino Médio deve ser feito dos 15 aos 17 anos, para que não haja distorção idade-série (BRASIL, 2013). Segundo o levantamento do Qedu, que utilizou os dados do Censo Escolar 2013, a Paraíba foi o segundo Estado do Nordeste que mais conseguiu reduzir o problema (-29%), porém ainda precisa avançar muito para corrigir a distorção, que é mais frequente entre os alunos da rede pública de ensino. Nas escolas de João Pessoa, o percentual da distorção idade-série é de 17%, sendo mais evidente entre alunos do 6º ano (no qual a cada 100 alunos matriculados, 32 estão atrasados) (Atraso, 2015).

Com a finalidade de minimizar essa problemática, o Projeto Alumbrar, implementado no ano de 2015, tenta diminuir a distorção idade-série nas escolas públicas. O programa, criado por meio de uma parceria do governo entre a Fundação Roberto Marinho e o Ministério da Educação, está voltado a alunos com idades entre 13 e 17 anos. De acordo com a Secretaria de Educação do Estado da Paraíba, o programa atende 150 turmas e cerca de 4,5 mil alunos nas 14 regionais de ensino (Atraso, 2015).

Diante disso, o projeto "Qual o sentido? Promoção do sentido de vida para alunos matriculados em uma escola da rede pública estadual da cidade de João Pessoa/PB inseridos no Projeto Alumbrar" teve por objetivo promover a sensação de sentido de vida por meio de discussões acerca de temas existenciais com adolescentes inseridos no Projeto Alumbrar a partir de uma intervenção baseada na busca de sentido. Participaram desse processo socioeducativo 11 adolescentes matriculados no Projeto Alumbrar.

Como marco teórico, utilizou-se a Logoterapia e Análise Existencial, psicoterapia elaborada por Viktor Emil Frankl, cuja perspectiva pode contribuir com o processo educacional dos adolescentes e na construção de novos direcionamentos existenciais. Os pressupostos da Logoterapia puderam corroborar com a reflexão acerca dessa problemática, uma vez que, nessa modalidade de psicoterapia, a vontade de sentido (*logos*) é a motivação principal do ser humano. Sendo assim, a Logoterapia direciona-se para o espiritual e tem por fim "alumbrar" o indivíduo a ponto que esse encontre o sentido para a sua existência (Moreira & Holanda, 2010).

A Logoterapia no contexto escolar

Um grande desafio enfrentado pela escola é o de lidar com a adolescência. É possível fazer uma crítica à visão predominante sobre a adolescência que tende a naturalizar, padronizar e patologizar esse período da vida, enfatizando crises e conflitos universais, desconsiderando as condições concretas de vida dos sujeitos. Propõe-se que essa fase seja compreendida como um momento significado e interpretado social e historicamente, cujos sujeitos revelam, por meio de suas ações, o meio social em que estão inseridos, e é essa a compreensão de adolescência adotada nesse estudo.

A adolescência como uma fase crítica da vida é caracterizada pelo aparecimento da busca de sentido existencial. E, por muitas vezes, ocorre que a busca nessa fase do ciclo da vida seja frustrada. Diante dessa perda de expectativas futuras, pode ocorrer de o jovem compensar essa perda em prazeres repentinos, deixando-os em situação de vulnerabilidade a substâncias psicoativas, ou apresentam pouca frustração, demonstrando comportamentos de agressão e suicídio (Aquino, 2015).

A Logoterapia no contexto escolar contribui para que o adolescente enfrente a realidade de maneira otimista e construtiva, com responsabilidade, e que seja capaz de encontrar sentido em situações adversas colaborando, assim, para seu crescimento como ser humano.

A ideia da Logoterapia na educação parte da participação do educando na sua conexão com o mundo, ligada por valores e sentidos, considerando-se que a realização de sentido venha a ser uma possibilidade para uma sociedade sadia. Então, tem-se a perspectiva da Logoterapia exercida no contexto da educação a partir da relação do logoeducador – o "parteiro" do sentido, e do logoeducando – aquele que está buscando o sentido (Aquino, 2015).

A função do logoeducador é tratar de uma área denominada "o ser" e, ao entrar na temporalidade, o homem se constitui a si mesmo por escolhas, ou seja, o seu "ser" é constituído por suas escolhas, dessa forma ora um valor se encontra esperando para ser realizado, ora esse valor é realizado pela ação do homem. Assim, o indivíduo está perante as possibilidades no seu vir-a-ser, da mesma maneira que, atrás dele, estão as possibilidades que já se realizaram. Nesse contexto, é importante que o logoeducador estabeleça reflexões com o educando sobre as escolhas que este está realizando no mundo para que seu norteador existencial esteja consciente (Aquino, 2015).

Uma autêntica educação para os valores precisa conduzir o jovem na sua busca de sentido no enfrentamento com o mundo e os ideais. Portanto, é necessário que o logoeducador auxilie no estímulo da consciência para que se encontre os valores existenciais que possam trabalhar na proteção da saúde e da aprendizagem do logoeducando. Assim, pode-se compreender que a educação para o sentido seria aquela em que o educador fortifica a vontade de sentido do seu educando (Aquino, 2015).

O Projeto Alumbrar

O Projeto Alumbrar é uma política educacional pública de aceleração de estudos com ênfase na avaliação da aprendizagem e seu elo com a progressão escolar, a partir do rendimento escolar, eliminando os repetidos ciclos de reprovação. Tem como objetivo oferecer, aos estudantes dos anos finais do Ensino Fundamental em distorção idade/ano, uma proposta inovadora e motivacional que possibilite o avanço significativo em seu percurso escolar. Tal projeto percebe a gravidade dos problemas no desempenho educacional da rede pública e atua frente ao insucesso do estudante na escola. Observando que todos são capazes de aprender, foram dadas as condições e respeitadas as diferenças, ritmos e modalidades individuais de aprendizagem, dessa forma, o alto índice de distorção idade/ano nos anos finais do Ensino Fundamental, nas escolas da rede estadual, e o alto índice de evasão e abandono nessa etapa tendem a diminuir.

A Secretaria de Estado da Educação da Paraíba buscou um caminho de solução efetiva para esse desafio nos anos finais do Ensino Fundamental por meio de convênio com a Fundação Roberto Marinho, instituição com o trabalho validado pelo MEC/FNDE. O amparo legal dá-se com a LDB Lei nº 9.394/96: – Cap. II Art.22, em que se determina: " A Educação Básica tem por finalidade, desenvolver o educando, assegurar-lhe a formação comum indispensável, o exercício da cidadania e fornecer-lhe meios para progredir no trabalho e em estudos posteriores." – Art. 24 Inciso 5 Alínea b- "Possibilidade de aceleração de estudos para alunos com atraso escolar". (Paraíba, 2016)

Relato da experiência da Logoterapia aplicada no contexto da adolescência

A intervenção conta com uma história e vinte atividades psicoeducativas que têm como objetivo potencializar as razões e os motivos para viver. Para obtermos os resultados mais efetivos, tem-se utilizado um contexto terapêutico grupal. Os conteúdos advindos das respostas das atividades e as reflexões proporcionadas por elas têm servido como conteúdos a serem trabalhados no contexto educacional. O suporte metodológico objetiva, ainda, trazer os temas da Logoterapia a uma linguagem acessível aos adolescentes. Tal proposta tem como pressuposto proporcionar um ambiente harmônico, possibilitando a formação de uma convivência mais empática entre os participantes, fomentar a reflexão sobre o ser e o vir-a-ser, como a realização de uma atividade que proporcione aos participantes a vivência de valores, pois, só na consumação dos valores, o ser humano realiza-se como pessoa existencial.

Os educandos do projeto Alumbrar tiverem acesso a um único exemplar do livro, mas isso não os impediu de ter em mãos o material para execução do projeto, pois, a cada encontro, esteve disponível a cópia da atividade proposta para aquele momento.

Os 11 participantes desse estudo situam-se na faixa etária de 15 a 20 anos de idade, todos com histórico de reprovação por vários anos no Ensino Fundamental II e distorção idade/ano. O perfil do aluno Alumbrar na escola na qual foi realizado o projeto era de um aluno marginalizado, pobre, usuário de drogas e desinteressado com os estudos. A sala de aula ficava nos fundos da escola, não havia uma infraestrutura adequada que possibilitasse um ambiente agradável e motivador aos alunos, uma ausência de ordem, que seguia da direção/gestão da escola para os alunos, como também dos alunos para a direção da escola. A percepção vivenciada era de um sofrimento latente, represensão por parte da direção da escola e/ou da equipe técnica. Um problema que a gestão se mostrava ausente para resolver.

Em muitos encontros, foi percebido que a educadora, que estava como mediadora/auxiliadora no processo ensino-aprendizagem, enfrentava muitos desafios enquanto professora, pois muitos de seus trabalhos objetivavam uma ressocialização dos alunos e a formação de um ambiente escolar que os acolhesse, porém seu esforço só alcançava poucas horas daqueles alunos, e tal esforço partia somente da professora, o que confirma a postura ausente da gestão da escola. Quanto à metodologia do projeto Alumbrar, que utiliza a Telessala, elaborada para desenvolver o currículo do Telecurso, muitas vezes, distanciava o alunado ao que realmente era interessante para eles ou que alcançasse sua necessidade. Uma grande problemática percebida nas visitas do projeto à escola era a falta de ordem quanto aos horários de chegada dos alunos, muitos deles vinham a escola no horário que eles queriam, saiam após o intervalo e, consequentemente, ao lanche. As atividades para Educação Física eram realizadas sem o acompanhamento de um professor da área, os alunos iam à quadra e quase sempre só jogavam futebol, alguns poucos alunos iam para casa por não quererem participar dessa atividade.

Um descaso foi também perceber que a escola era um ponto de venda e uso de maconha, o portão ficava sempre aberto, dando acesso livre a outras pessoas para adentrarem nas suas instalações, como também, algumas vezes, à sala de aula. Enquanto pesquisador, surpreendia-me algumas vezes com a presença de alguns não alunos na sala do projeto, quando perguntava para a educadora quem seriam aquelas pessoas, ela sempre falava que era um usuário ou amigo de seus alunos. Em seu discurso, a professora sempre deixou muito claro que, em muitas situações, ela não poderia fazer nada, até mesmo o inspetor da escola não tinha autoridade para dominar a situação, ela tinha que aceitar o acesso livre, pois, assim, garantia a presença de seus alunos, mesmo que defasada.

Em uma das visitas, quando perguntei para ela como estava o desempenho acadêmico dos alunos e quem conseguiria êxito e consequente aprovação, ela sorriu e me respondeu "todos já estão aprovados, mesmo que eles faltem às aulas, se atrasem, ou não façam as atividades de casa, passando em suas avaliações, provas ou recuperações, que por sinal, sou obrigada a fazer quantas forem necessárias, elas vão passar". Fiquei perplexo com a situação complicada que a professora estava passando, totalmente desmotivada e ainda sendo ameaçada a perder seu emprego, pois havia rumores que ela seria devolvida à Secretaria de Educação. Em um outro momento, ela confessou:

> o PROERD, – Programa Educacional de Resistência às Drogas, realizado pela Policia Militar da Paraíba já efetuou um trabalho conosco e um dos policiais me falou que ia denunciar a gestora da escola por negligência. Se ele mesmo como policial pôde perceber o descaso dessa escola, como eu poderia conseguir mudar essa situação? Eu tenho feito o que eu posso, mas sozinha eu sei que não vou conseguir.

Depois de mapear toda essa situação, decidimos iniciar o projeto com os alunos, apresentei a proposta, deixei claro que era facultativa a participação deles no projeto e iniciamos a leitura do texto base do projeto, a história do Roberto, um típico jovem de 18 anos que se sentia entediado com a rotina do dia a dia. Tal material foi pensado para os adolescentes que procuram respostas sobre os dilemas e questionamentos da vida que, geralmente, iniciam-se na adolescência e podem estender-se ao longo da vida. Por intermédio desse personagem fictício, iniciaram-se diálogos que traziam possíveis inquietações da adolescência. (Aquino, Simeão & Rodrigues, 2017).

Segundo Aquino, Simeão e Rodrigues (2017), é importante levar em consideração que ter um propósito de vida constitui um importante fator de proteção para comportamentos disfuncionais, por exemplo: agressão, drogadição, dentre outras dependências que disfarçam a sua vontade de encontrar um significado genuíno e que paralisam o seu desenvolvimento pleno no ciclo de sua vida.

Na história, que se assemelhava com as dos alunos do projeto Alumbrar, o personagem Roberto não tinha muitos amigos e seus pais tinham se separado há pouco tempo. Suas notas na escola não iam muito bem, sobretudo nas exatas. Em alguns momentos do dia, sentia-se "vazio". (Aquino, Simeão & Rodrigues, 2017).

Roberto tinha um amigo imaginário, com quem costumava dialogar em seus pensamentos nos momentos de solidão e silêncio. Ele inventou essa estratégia depois que cursou algumas aulas de Filosofia na escola, o que o fazia refletir sobre alguns aspectos da vida. A partir dos questionamentos que o personagem Roberto fez de sua vida e existência, iniciamos os questionamos aos alunos. O primeiro deles foi acerca do sentido de suas vidas,

> Minha família, meus sonhos e Deus. (M4, 15 anos); O sentido da minha vida primeiramente é Deus, em segundo lugar vem minha mãe e meu pai, meu marido, enfim minha família. É ter meus objetivos na vida como estudar como estou fazendo para futuramente ter um bom emprego como eu quero, por exemplo, arquiteta ou veterinária. Mas como o futuro só pertence a Deus, né, mais se for da minha vontade e eu espero que consiga isso lá na frente. Bom é isso pra me o sentido da minha vida. (F, 20 anos); Deus e minha família e meus sonhos. (M2, 15 anos); O sentido da minha vida é Deus e minha família. Duas coisas que coloco em primeiro ponto em peso apesar dos meus pecados é ser fiel a Deus e a minha família. (M2, 17 anos); Deus, meus pais, minha irmã e minha família. Meu sonho é desejar os sonhos dos meus pais e ser um futuro jogador de futebol. (M3, 17 anos)

O sentido da vida aparece no discurso de 5 alunos. O homem vive buscando o sentido da vida, ele é um ser que busca sentido a partir da realização de valores. Essa busca pelo sentido é uma motivação primária do ser humano. O homem não deveria perguntar qual o sentido da sua vida, mas antes reconhecer que é ele quem está sendo indagado. Cada pessoa é questionada pela vida, e ela só pode responder a vida respondendo por sua própria vida, ou seja, sendo responsável (Frankl, 1994).

Percebe-se que a clareza sobre o sentido da vida, presente na fala dos alunos, emerge e está intimamente atrelada à realização dos valores vivenciais. A experiência dos valores unida à consciência, o órgão de sentido por excelência, fazem a pessoa direcionar-se ao sentido da vida.

Após a leitura da história, a primeira atividade pergunta aos alunos em que suas vidas se assemelham à história, um dos alunos respondeu: "na parte em que ele se sentia 'vazio' "; quando perguntado sobre os questionamentos que já fez sobre o sentido de sua vida, ele respondeu: "será que eu nasci para ser assim?" (M1, 17 anos). As atividades propostas da intervenção têm essa finalidade de trazer o aluno à reflexão de sua existência, o seu sentido, quando não há essa percepção e há a dúvida, as atividades seguintes se encarregam de possibilitar os caminhos para essa percepção.

A segunda atividade, "Montando meu quebra-cabeça", pede que os alunos escrevam dentro de cada peça do quebra-cabeça aquilo que faz parte da sua vida (pessoas, atividades, deveres, lazer etc.). O sentido da vida, por ser muito amplo, apenas pode ser descoberto no final, assim como um quebra cabeça, pois só quando você termina de encaixar todas as peças você pode identificar esse sentido. Contudo, cada peça tem um sentido particular e é importante para formar a figura que está em curso (Aquino, Simeão & Rodrigues, 2017).

Para M2 (17 anos), fazem parte de seu quebra cabeça a "família, escola, amigos, dinheiro, Deus, futebol, amor, e o trabalho". Para reflexão, ainda foi perguntado qual peça de seu quebra-cabeça poderia ser retirada, ele respondeu que retiraria o amor, pois "às vezes o amor machuca muito". Quando se perguntou qual peça poderia acrescentar, o mesmo respondeu que "gostaria de acrescentar mais a minha fé, pois fico mais melhor".

A atividade 5, questiona e possibilita identificar os sentidos. O aluno M4 (15 anos) elenca quatro possíveis caminhos que pode percorrer em sua vida, são eles: 1. Trabalhar; 2. Ser uma pessoa resistente; 3. Família; e 4. Estudar. Questionou-se sobre qual desses caminhos ele está mais atraído, ele respondeu que seria o de trabalhar. Quanto às consequências positivas que esse caminho traria para ele e para as pessoas que estão ao seu redor, ele diz que traria felicidade e uma vida melhor para todos. Quando se questiona os caminhos e suas consequências, traz-se à consciência do aluno que suas escolhas não só atingem ele como ser, como também o outro, o mundo, dessa forma, cria-se a possibilidade de responsabilizar o aluno pelos seus atos e escolhas.

O que a vida espera de mim? Este é o questionamento da atividade 13. Normalmente, nós esperamos muito que as coisas aconteçam, ficamos esperando as circunstâncias mudarem, nos omitimos. Esse é um grande fundamento da Logoterapia, refletirmos nessa interrogação do que a vida espera de mim.

Foram-lhes apresentadas 15 palavras, virtudes, que, dentre elas, eles precisavam escolher 3. A participante F (16 anos), escolheu: 1. Paciência para: aguentar os dramas da vida; 2. Motivação para: alcançar o que eu quero; e 3. Persistência para: não desistir tão fácil das coisas. As virtudes permitem aos alunos caminharem com a cabeça erguida, a percepção desse fortalecimento espiritual os leva a continuar, prosseguir, mesmo muitas vezes perante o sofrimento. Encontrarem sentido perante aquilo que traz tristeza.

Ao fim das atividades, os alunos foram questionados a avaliar seus propósitos. A participante F (20 anos), respondeu que "o que faz sentido em sua vida hoje é minha família". Quando perguntamos como ela gostaria de ser lembrada ao fim da vida, ela respondeu como "uma pessoa boa, honesta", e que o propósito geral de sua vida "é ser feliz". O aluno M2 (17 anos) respondeu que o que faz sentido na sua vida é "minha família" e que, ao fim de sua vida, gostaria de ser lembrado como alguém que "fez a sua parte", e que o propósito geral da vida é a "humildade".

Na concepção frankliana, o homem pode encontrar sentido para sua vida de três formas: criando um trabalho ou praticando algo, experimentando algo ou encontrando alguém e pela atitude que o homem adota diante do sofrimento inevitável (Frankl, 1994). Para esse autor, cada pessoa tem uma tarefa única a realizar na vida, e isso atribui ao ser humano a responsabilidade por sua vida. Cada pessoa tem sua missão específica a cumprir e cabe só a ela realizá-la de forma singular, sem substituição (Frankl, 1987).

O aluno M2 (17 anos) foi o que mais esteve assíduo no projeto, mostrou-se muito disposto aos questionamentos que o projeto lhe permitia como também na busca pelo sentido de sua vida. Quando lhe foi solicitado avaliar seu agir, o seu sentir e o seu pensar em relação às suas respostas, o aluno respondeu que pensa estar caminhando para uma grande mudança.

À guisa de conclusão

As intervenções realizadas possibilitaram que os adolescentes expressassem seus sentimentos, opiniões e perspectivas. Perspectivas essas que, por meio da história e dos questionamentos, trouxe para eles um novo olhar para a vontade de sentido em sua existência. Os participantes, a todo momento, demonstraram liberdade e confiança em seus questionamentos, o que mostrou que eles têm a capacidade de passar por uma situação complicada e encontrar dentro dessa situação um sentido e tarefa única que poderá ser realizada se ele, então, dispuser-se a buscar um sentido em meio à situação limite da vida. Percebeu-se que os adolescentes destacaram a importância de serem atores da construção de suas vidas e que eles possuem muitas possibilidades, basta escolher bem e entenderem que são responsáveis pelo o que escolhem.

Em relação aos projetos de vida, percebe-se que os adolescentes destacam a importância de construir suas vidas e que eles têm muitas possibilidades. Nesse sentido, foi percebido que os adolescentes buscam um papel em sua vida, de um espaço na sociedade, de uma finalidade a ser dada ao seu tempo e ao seu viver. Eles não rejeitam sofrimentos e sacrifícios, desde que tenham valor. Segundo Pacciolla (2015), é um comportamento natural dessa fase, e quando se fala de crise na adolescência, buscam uma mudança de valores em novas gerações, ou seja, o que os adolescentes querem é acreditar em alguma coisa ou alguém, esperar um futuro melhor e amar uma causa pelo que lutar. Vale salientar que o conteúdo e a modalidade daquilo que se acredita, daquilo que se espera e se ama podem mudar com o tempo.

Em suma, a intervenção apresentada vem viabilizando nos adolescentes uma ampliação de sentido. Dessa forma, ressalta-se a importância da educação, no sentido de engajar nas atividades dos adolescentes e no meio escolar, a reflexão acerca daquilo que move o ser humano: a vontade de sentido.

Referências

Aquino, T. A. A. (org.) (2015) *Logoterapia: investigações teóricas e empíricas.* João Pessoa: ED. Universitária UFPB.

Aquino, T. A. A. (2015) *Sentido da vida e valores no contexto da educação: uma proposta de intervenção à luz do pensamento de Viktor Frankl.* 1ª edição. São Paulo: Paulinas.

Aquino, T.; Simeão, S & Rodrigues, L. (2017) *Qual o sentido? Procurando respostas e descobrindo propósitos na vida.* João Pessoa: Ideia.

Atraso escolar é problema na PB. (2015) *Todos pela Educação.* São Paulo, 10 ago. Recuperado em:<http://www.todospelaeducacao.org.br/educacao-na-midia/indice/31007/atraso-escolar-e-problema-na-pb/>. Acesso em 20 de out. de 2017.

Bardin, L. (1978) *Análise de conteúdo.* 70. Ed. Lisboa.

Brasil. (2013) Ministério da Educação. Secretaria de Educação Básica. Secretaria de Educação Continuada, Alfabetização, Diversidade e Inclusão. Secretaria de Educação Profissional e Tecnológica. Conselho Nacional da Educação. Câmara Nacional de Educação Básica. *Diretrizes Curriculares Nacionais Gerais da Educação Básica* / Ministério da Educação. Secretaria de Educação Básica. Diretoria de Currículos e Educação Integral. Brasília: MEC, SEB, DICEI. Recuperado em:<http://portal.mec.gov.br/docman/abril-2014-pdf/15548-d-c-n-educacao-basica-nova-pdf/file>. Acesso em 20 de out. de 2017.

Frankl, V. E. (1994) *Em busca de sentido: um psicólogo no campo de concentração.* Petrópolis: Editora Vozes.

Frankl, V. E. (1989) *Psicoterapia e Sentido da Vida.* 3ª ed. São Paulo: Quadrante.

Frankl, V. E. (2003) *Sede de sentido.* São Paulo: Quadrante.

Frankl, V. E. (2003) *Psicoterapia e sentido da vida: fundamentos da Logoterapia e análise existencial.* São Paulo: Quadrante.

Frankl, V. E. (2005) *Um sentido para a vida: Psicoterapia e humanismo.* Aparecida, São Paulo: Idéias & Letras.

Frankl, V. E. (2011) *A vontade de sentido: fundamentos e aplicações da Logoterapia*. 1ª ed. São Paulo: Paulus.

Garcia, S. C. (2008) *A resiliência no indivíduo especial: Uma visão logoterapêutica*. Revista Educação Especial, 31, 25-36.

Leslie, R. C. (2013) *Jesus e a Logoterapia: O ministério de Jesus interpretado à luz da Psicoterapia de Viktor Frankl*. São Paulo: Paulus.

Lukas, E. (2002) *Psicologia espiritual:* fontes para uma vida plena de sentido. São Paulo: Paulus.

Moreira, N. & Holanda, A. (2010) *Logoterapia e o sentido do sofrimento: convergências nas dimensões espiritual e religiosa*. Psico-USF, São Paulo, v. 15, n. 3, p. 345-356, set./dez. Recuperado em: <http://www.scielo.br/pdf/pusf/v15n3/v15n3a08.pdf>. Acesso em: 15 mar. 2015.

Pacciolla, Aureliano. (2015) *Psicologia contemporânea e Viktor Frankl: fundamentos de uma Psicoterapia existencial*. [tradução Silvana Cobucci]. – Vargem Grande Paulista, SP: Editora Cidade Nova.

Paraíba (2016). *Diretrizes Operacionais para o Funcionamento das Escolas da Rede Estadual 2017*. Secretaria de Estado da Educação da Paraíba. João Pessoa, 24 de out. Recuperado em :<http://paraiba.pb.gov.br/downloads/Diretrizes_Operacionais_2017.pdf>. Recuperado em 20 de out. de 2017.

Rocha, E. F. & Gomes, E. S. (2012) *Autodistanciamento em Viktor E. Frankl a partir da compreensão de logos de Xavier Zubiri*. Revista Logos & Existência: Revista da associação brasileira de Logoterapia e análise existencial. 1 (1), 15-25.

Silveira, D. R., & Mahfoud, M. (2008). *Contribuições de Viktor Emil Frankl ao conceito de resiliência*. Estudos de Psicologia (Campinas), 25(4), 567-576. Recuperado em 28 de Março de 2017 http://www.scielo.br/scielo.php?script=sci_arttext&pid=S0103-166X2008000400011&lng=en&tlng=pt.

Xausa, I. A. de M. (2003) *O sentido dos sonhos na Psicoterapia em Viktor Frankl*. São Paulo: Caso do Psicólogo.

Sobre os autores

Organizadores

Raisa Fernandes Mariz Simões

Psicóloga infanto-juvenil (CRP 13/7645), graduada pela Universidade Estadual da Paraíba, com formação em Logoterapia e Análise Existencial. Mestre em Saúde Pública e Especialista em Logoterapia e Saúde da Família pela Universidade Estadual da Paraíba. Tem formação em Logoterapia Infantil pelo Instituto Faros de Sentido, Bogotá, Colômbia, sob a orientação da prof. Dra. Clara Martínez Sánchez. É docente universitária da UNIFACISA e da Universidade Estadual da Paraíba, bem como ministra palestras, workshops, oficinas e cursos de pós-graduações em Psicologia, Logoterapia e Análise Existencial, Infância, Saúde Pública e áreas afins. É membro da ABLAE – Associação Brasileira de Logoterapia e Análise Existencial.

Thiago Antonio de Avellar Aquino

Graduado em Psicologia; Mestrado e Doutorado em Psicologia Social (UFPB); Professor da Universidade Federal da Paraíba; departamento de Ciências das Religiões. Publica nas áreas de espiritualidade, saúde e logoterapia.

Autores

Aianny Stephany Souza Lacerda dos Santos
Graduada em Psicologia pela Universidade Federal da Paraíba. Psicóloga Clínica e Escolar com base logoterapeutica. CRP 13/8837.

Ana Clara Dumont
Psicóloga e Logoterapeuta clínica de adolescentes e adultos. Formação em Psicologia (Faculdades Metropolitanas Unidas, 2013), Teatro (Teatro Escola Macunaíma, 2007) e Comunicação Social (Escola Superior de Propaganda e Marketing, 2003); especializações em Logoterapia Clínica (SOBRAL, Associação Brasileira De Logoterapia e Análise Existencial, 2019) e Infância, Educação e Desenvolvimento Social (Instituto Singularidades, 2016). Produção de artigos científicos, publicação em revistas especializadas, participação e apresentação em congressos nacionais e internacionais. Condução de palestras e aulas sobre Logoterapia em universidades e organizações do terceiro setor. Desenvolvimento de projetos nas áreas de educação, educomunicação e desenvolvimento comunitário.

Ana Paula Zeferino Rennó
Psicóloga Clínica especialista em Logoterapia e Análise Existencial CRP 03/11769. Realiza atendimento particular presencial e on-line para crianças, adolescentes, jovens, adultos e terceira idade. Graduada em Psicologia pela Unime em 2014. Pós-graduada em Logoterapia e Análise Existencial pela Ucsal em 2018. Concluiu o curso on-line, em 2018, de formação sobre a "Prática clínica com crianças: teoria e prática", no Instituto Dialógico de Gestalt terapia no Rio de Janeiro com Luciana Aguiar. Em 2019, concluiu o curso na mesma Instituição com Luciana Aguiar sobre "Gestalt terapia com adolescentes, desafios da prática". Em 2021, concluiu o curso on-line de formação em Logoterapia sobre "Espiritualidade na infância e adolescência "promovido pelo Núcleo Mineiro de Logoterapia com Clara Martinez Sánchez em Bogotá, Colombia, pelo Instituto Faros de Sentido. É professora, ministra aulas para o módulo da prática clínica na Logoterapia para a Pós-Graduação

desde 2019. Ministra palestras, workshop e oficinas para o público em geral e especificamente para profissionais da área da saúde nos temas de sua especialidade em Logoterapia e Análise Existencial. Realiza atendimento presencial e on-line de supervisão clínica na abordagem da Logoterapia e Análise Existencial para psicólogos e Logoterapeutas desde 2019. É membro da ABLAE – associação brasileira de Logoterapia e Análise Existencial. É membro da comissão de eventos da Logoterapia e Análise Existencial de Salvador. Seu lema é como o fundador de sua abordagem da Logoterapia "Encontrei o sentido da minha vida ajudando as pessoas a encontrarem o sentido em suas vidas". Viktor Frankl

Annelies Strolz

Vive e trabalha em Viena (Áustria). Psicoterapeuta (análise existencial e logoterapia), pedagoga, ativista no trabalho profissional na proteção de crianças desde 1999, treinamento clinico adicional em psicoterapia infantil e de adolescente e em psicotraumatologia.

Bruna Soares Pires

Psicóloga (CRP 22/01541) – UFMA. Mestre em Psicologia – Universidade Federal do Maranhão – UFMA. Formação em Logoterapia e Análise Existencial – Instituto Geist. Floortime Player – Centro de Desenvolvimento Infantil/ CDI – Recife. Neuropsicóloga – IPOG. Terapeuta DIR/Floortime – Interdisciplinary Council on Development and Learning (ICDL)/EUA. Psicóloga clínica do PROJETO S!NGULAR – foco em TEA.

Jalmaratan Luís de Melo Macêdo

Graduado em Psicologia pela Universidade Federal da Paraíba. Psicólogo Clínico com ênfase na Logoterapia, atende adolescentes, adultos e idosos – CRP 13/8722. Membro do projeto Corrente Psi, grupo de psicólogos da Paraíba que atende indivíduos com demandas ocasionadas pela pandemia. Os atendimentos ocorrem em formato de plantão psicológico. Membro do projeto Rede de Apoio Psicológico, grupo de psicólogos de todo o Brasil que atende profissionais de saúde que estão na linha de frente do tratamento da Covid-19.

Lorena Bandeira Melo de Sá

Mestra em ciências das religiões pela UFPB. Psicóloga clínica com formação em Logoterapia pela UEPB. Doutoranda em Psicologia Cognitiva pela UFPE. Docente universitária. Assistente Editorial da revista Logos e existência. Membro da diretoria da ABLAE gestão 2021-2022.

Marcos Sueudy Santos do Nascimento

Bacharel em Psicologia – UFPB. Licenciado em Psicologia – UFPB. Especialista em Aconselhamento Pastoral – FERLAGOS. Pós graduando em Análise do Comportamento Aplicada – FAVENI.

Marília Queiroz

Psicóloga, formada pela Pontifícia Universidade Católica de Campinas, Mestre em Qualidade de Vida pela UNIFAE, Neuropsicóloga pelo HC- USP. Atualmente, cursa Especialização em Logoterapia e Análise Existencial Clínica pela SOBRAL. Possui 9 anos de experiência clínica com crianças e adultos, foi Pesquisadora do Protocolo de Avaliação Neuropsicológica Infantil desenvolvido pela Divisão de Psicologia do HCFMUSP. Apresentou trabalhos clínicos em Congressos no Brasil e exterior.

Sarah Xavier Vasconcelos de Fialho Rodrigues

Psicóloga Logoterapeuta pela UFPB- 2013. Residência/Especialização em Cuidados Paliativos pelo IMIP/PE – 2016. Mestra em Cuidados Paliativos pelo IMIP/PE-2016. Doutora em Psicologia Clínica pela UNICAP/PE – 2019. Atualmente, atua como psicóloga clínica e hospitalar paliativista, docente em cursos de graduação e pós-graduação da área de Psicologia e Logoterapia e Análise Existencial.

Tatiana Oliveira de Carvalho - CRP 22/00226

Psicóloga graduada pela Universidade Federal do Maranhão; Doutoranda em Psicologia pela PUC-Campinas; Mestre em Psicologia pela Universidade de Brasília; Especialista em Psicopedagogia pelo Conselho Federal de Psicologia; Formação em Logoterapia e Análise Existencial pela Universidade Estadual da Paraíba. Atua como psicóloga na Secretaria Estadual de Educação do Maranhão e no Tribunal de Justiça do Estado do Maranhão, e como docente em cursos de formação e especialização em Logoterapia em vários estados. É diretora acadêmica do Instituto Geist, ex-presidente e atual membro do Conselho Consultivo da Associação Brasileira de Logoterapia e Análise Existencial no biênio 2021/2022.

Terezanísia Guerra Cavalcante

Graduada em Psicologia pela UNIPÊ, especializada em Psicopedagogia. Clínica e Institucional (UNIPÊ). Especialista em Logoterapia e Análise existencial. (FIP/UNILIFE). Formada em Logoterapia Infantil pelo Instituto Faros de Sentido (Bogotá, Colômbia). Atualmente, atua como psicóloga clínica.

Construindo ideias
e conectando mentes

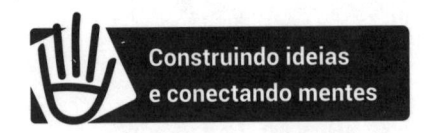

Este livro foi composto com tipografia Bembo Std
e impresso em papel Pólen Soft 80g.
na Promove Artes Gráficas em julho de 2022.